国粹文丛

古耜／主编

字林拾趣

瓜田／著

中国言实出版社

图书在版编目（CIP）数据

字林拾趣 / 瓜田著. -- 北京：中国言实出版社，
2018. 11
（国粹文丛 / 古耜主编）
ISBN 978-7-5171-2918-9

Ⅰ. ①字… Ⅱ. ①瓜… Ⅲ. ①散文集－中国－当代
Ⅳ. ①I267

中国版本图书馆 CIP 数据核字（2018）第 207563 号

出 版 人：王昕朋
总 监 制：朱艳华
责任编辑：严 实
文字编辑：赵 歌
责任校对：张 强
出版统筹：冯素丽
责任印制：佟贵兆
封面设计：杰瑞设计

出版发行 中国言实出版社
　　　　　地　　址：北京市朝阳区北苑路 180 号加利大厦 5 号楼 105 室
　　　　　邮　　编：100101
　　　　　编辑部：北京市海淀区北太平庄路甲 1 号
　　　　　邮　　编：100088
　　　　　电　　话：64924853（总编室） 64924716（发行部）
　　　　　网　　址：www.zgyscbs.cn
　　　　　E-mail：zgyscbs@263.net
经　　　销 新华书店
印　　　刷 北京温林源印刷有限公司
版　　　次 2019 年 6 月第 1 版　　2019 年 6 月第 1 次印刷
规　　　格 710 毫米 ×1000 毫米　1/16　17 印张
字　　　数 220 千字
定　　　价 68.00 元　　ISBN 978-7-5171-2918-9

活着的传统　身边的国粹

——国粹文丛总序

古　耕

在实现中华崛起、民族复兴的伟大历史进程中，文化自信至关重要。而若要问：文化自信"信"什么，哪里来？这就不能不涉及优秀的中国传统文化——对于国人而言，优秀的传统文化既是孕育文化自信的沃土，又是支撑文化自信的基石。唯其如此，我们说：从中国历史的特定情境出发，坚守中国文化立场，赓续中国文化血脉，弘扬中国文化风范，重建中国文化传统，是历史的嘱托，也是时代的呼唤。

怎样才能把优秀的传统文化发扬光大，使其重新进入国人的精神生活与社会实践？围绕这个大题目，一些专家学者发表了很有建设性的意见。譬如刘梦溪先生在一次演讲中就郑重指出："传统的重建，有三条途径非常重要：一是经典文本的研读；二是文化典范的熏陶；三是文化礼仪的训练。"（《文学报》2010 年 4 月 8 日）应当承认，刘先生的观点高屋建瓴而又切中肯綮。事实上，近年来中国传统文化在全社会的强势回归与有效传播，也主要是从这三个方面展开的。

在刘先生所指出的三条路径中，所谓"经典文本研读"，自然是指对承载着传统文化基本精神与核心理念的经典著作进行研究和解读。这方面的工作以学术界为主体，着重在"知"的层面展开，其系统梳理和准确诠释固然必不可少，但更重要的恐怕还是立足于时代的高度，扬长避短，推陈出新，最终实现传统文化的创造性转化和创新性发展。而所谓"文化礼仪训练"，则包含对人，尤其是对青年一代进行思想、伦理、道德教育的内容，因而涉及学校、家庭、社会等多个领域，并更多联系着"行"——付诸实践，规范行为的因素。《论语·泰伯》曰："兴于诗，立于礼，成于乐。"意思是说，达"礼"行"礼"是人在社会上安身立命的根本和标志。孔子所言之"礼"与今日所兴之"礼"，固然有着本质不同，但圣人对礼的高度重视和反复强调，却依旧值得我们作"抽象继承"（冯友兰语）。

相对于"经典文本研读"和"文化礼仪训练"，刘先生所强调的"文化典范熏陶"，显然是一项"知"与"行"相结合的大工程。毫无疑问，在通常情况下，"文化典范"自然包括先贤佳制、经典文本，只是在刘先生演讲的特定语境和具体思路中，它应当重点指那些有物体、有形态，可直观、可触摸的优秀文化遗存。如古建筑、古村落、著名的人文胜迹、杰出的历史人物，还有艺术层面的书法、国画、戏剧、民歌、民间工艺，器物层面的"四大发明"，以及青铜、陶瓷、漆器、丝绸、茶叶、中药，等等。如果这样理解并无不妥，那么可以断言，刘先生所说的"文化典范"在许多方面同非物质文化遗产有交集、有重合，就其整体而言，则属于一种依然活着的传统，是日常生活里可遇可见的国粹。显而易见，这类文化遗产因自身的美妙、鲜活、具体和富有质感，而别有一种吸引力、亲和力与感染力。将它们总结盘点，阐扬光大，自然有益于现代人在潜移默化中走近传统文化，加深对它的理解，提高对它的认识，增强对它的感情，进而将其融入生活和生命，化作内在的、自觉的价值遵循。这应当是"典范熏陶"的优势和力量所在。

正是基于以上体认，笔者产生了一种想法：把自己较为熟悉和了解的当下散文创作同文化典范熏陶工作嫁接起来，策划组织一套由优秀作家参与、以艺术和器物层面的"文化典范"为审视和表现对象的原创性散文丛书，以此助力传统文化的重建与发展。这一想法很快得到中国言实出版社社长、实力小说家王昕朋先生的积极认同。在他的鼎力支持和热情推动下，一套视野开阔、取材多样、内容充实的"国粹文丛"，顺利地摆在读者面前。

"国粹文丛"包含十位名家的十部佳作，即：瓜田的《字林拾趣》，初国卿的《瓷寓乡愁》，乔忠延的《戏台春秋》，王祥夫的《画魂书韵》，吴克敬的《触摸青铜》，刘华的《大地脸谱》，刘洁的《戏里乾坤》，马力的《风雅楼庭》，谢宗玉的《草木童心》，张瑞田的《砚边人文》。

以上十位作家尽管有着年龄与代际的差异，但每一位都称得上是笔墨稔熟、著述颇丰的文苑宿将，其中不乏国内重要奖项的获得者。长期以来，他们立足不尽相同的体裁或题材领域，驱动各自不同的文心、才情与风格、手法，大胆探索，孜孜以求，其粲然可观的创作成绩，充分显示出一种植根生活，认知历史，把握现实，并将这一切审美化、艺术化的能力。这无疑为"国粹文丛"提供了作家资质上的保证。

值得特别指出的是，这十位作家不仅是文学创作的行家里手，而且大都有着相当专注的个人雅爱，乃至堪称精深的专业修养和艺术造诣。如王祥夫是享誉艺苑的画家、书法家；张瑞田是广有影响的书法鉴赏家和书法家；吴克敬是登堂入室的书法家，也是有经验的青铜器研究者；初国卿常年致力于文化研究与文物收藏，尤其熟悉陶瓷历史，被誉为国内"浅绛彩瓷收藏与研究的标志性人物"；刘华多年从事民间艺术和民风民俗的田野调查与理论探照，不仅多有材料发现，而且屡有著述积累；马力一生结缘旅游媒体，名楼胜迹的万千气象，既是胸中丘壑，又是笔端风采；乔忠延对历史和文物颇多关注，而在戏剧和戏台方面造诣尤深，曾有为关汉卿作传和遍访晋地古戏台的经历；瓜田作为大刊物的大编辑，一向钟情于汉字研究，咬文嚼字是其兴趣所在，也是志业所求；刘洁喜欢中国戏剧，所以在戏剧剧本里寻幽探胜，流连忘返；谢宗玉热爱家乡，连带着关心家乡的草木花卉，于是发现了遍地中药飘香。显然，正是这些生命偏得或艺术"兼爱"，使得十位作家把自己的主题性、系列性散文写作，从不同的门类出发，最终聚拢到中国传统文化的大向度之下。于是，"国粹文丛"在冥冥之中具备了翩然问世的可能。

"红白莲花共玉瓶，红莲艳绝白莲清。"我想，用宋人杨万里的诗句来形容这套"各还命脉各精神"的"国粹文丛"，大约算不得夸张。愿读者能在生活的余裕和闲暇里，从容步入"国粹文丛"的形象之林和艺术之境，领略其神髓，品味其意蕴！

戊戌秋日于滨城

目 录

门外字谈

字里乾坤

语文小札

译事杂说

后　记

门外字谈

不必敬畏，但也不能胡侃

　　汉字对中国的先民来说，近乎一种图腾。在久远的年代里，汉字一直被涂上了神秘的、尊严的色彩，是人们敬畏、崇拜的对象。在古书中，汉字从一发生就被渲染得神神道道的。《淮南子·本经训》说："昔者仓颉作书，而天雨粟，鬼夜哭。"仓颉一直是传说中的汉字的发明创造者。此人的身份，说法不一。有说是远古帝王的，又有说是黄帝的史官的。按常理推测，当史官的可能性更大一些。这个岗位没有太多的杂事，有条件安安静静地躲在房间里画个小鸟或者小马什么的。当帝王就不一样了，要统揽全局，要抓国计民生，渔猎种植等生产活动要搞，跟周边部落或者国家的仗也要打，哪有闲空和闲心坐在那里一笔一画地琢磨象形字？

　　仓颉贡献大，长得也怪：他长了四只眼睛。神话中的二郎神是三只眼，这格外长出来的一只眼，被安排在双目之间，立着，挤在印堂的位置。仓颉的四只眼，给我们的想象和画家的创作都提出了不小的难题。一个人的脸，面积是固定的，平白无故地突然添上两只眼睛，放在哪里都不得劲。我看过一些仓颉的资料，看一些仓颉的画像和雕塑，对这四只眼睛的安排，很费了一些脑筋。有的画家和雕塑家比较质朴，干脆放弃了人类解剖学上不大可能的存在，按常人的模样坚持两只眼睛不变；有些则忠于古书的描述，搞出四只来。从古书上的画像，到今人的创作，这四目的安排，大多相同，都是把多余的一对眼睛挤在原来眼睛的下面，虽说显得拥挤了一点，但总还是顺眼一些。有一位画家，把多余的这双眼睛放到了眉毛的上头，还呈45度角立了起来，把仓老先生弄得就恐怖了一点。

仓颉的怪异形象无关宏旨，叫人不得要领的，还是"天雨粟，鬼夜哭"。汉字的诞生是天大的喜事，而天和鬼的反应，都不大正常。后人对此的注解大同小异，无非是人们都懂得文字了，民智大开，都不好好种地了，要闹粮荒了，老天爷提前赈灾拨粮，以示警告。人都变聪明了，妖魔鬼怪想作祟，也骗不了人了，鬼就伤心了。这些说法都挺牵强。我的态度是，知道有这么个典故就行了，不宜深究，越究越糊涂。尽管我们明明知道"天雨粟"和"鬼夜哭"是没影儿的事儿，但这段文字对保持汉字的神秘性着实功不可没，一提起汉字的初创，没有人不说起这段话的。

何九盈、胡双宝、张猛三位先生在《简论汉字文化学》中说："文字的神秘性起源于以神话解释世界的时代，起源于以神权统治世界的时代，不独汉字如此，埃及圣书、印度婆罗米文等都如此。中国整个封建时代，人们始终认为'汉字神圣，一点一画无非天经地义'。"在一定意义上说，汉字一直在充当着维护神权和皇权的工具。在中国，连大字不识一个的农民，也知道"敬惜字纸"。见到有汉字的纸张，要恭敬地收拾到一块儿，找个地方烧掉。这习俗，直到民国年间还常见，也是千年以上的延续。

既然汉字跟着皇权荣耀过、显赫过，那么，它在诞生四千年之后的清末皇权垮台时受点牵连，遭点厄运，也是顺理成章的事情。清末随着门户的开放，中国人突然发现，发达的西方人用的都是字母文字，易认、易写、易读。原来奉若神明的汉字，几乎成了中国文化落后的罪魁祸首。当时以汉字为耻、以汉字为罪的文化心态，甚为普遍。汉字跟女人的小脚和男人的辫子一起，成为落后乃至野蛮的象征。于是，呼吁改革汉字遂成为一股时代潮流。据周有光先生说，清末 20 年间，个人提出的汉字改革方案，就有 28 种之多。人们发现，在思想界、在政界，改良与革命之间，旧民主主义与新民主主义之间，国民党与共产党之间，尽管思想理论和政治观念有别，立场不一，但在改革汉字的问题上，竟然没有太大的分歧，异口同声，大倡改革。保留汉字的呼声并非没有，但极为微弱，能举出来的例子也只有章太炎。

谭嗣同和钱玄同的话，我们可以暂且不论，但鲁迅先生当时的看法似乎应该引出来听听。鲁迅说："方块汉字真是愚民政策的利器，不但劳苦大众没有学习和学会的可能，就是有钱有势的特权阶级，费时一二十年，终于学不会的也多得很。……所以，汉字也是中国劳苦大众身上的一个结核，病菌都潜伏在里面，倘不首先除去它，结果只有自己死。"连鲁迅先生都参与否定的汉字，当时的命运确实岌岌可危。好在兹事体大，不可能一蹴而就，所以在战乱频仍的时代，汉字就逃过了一劫。到了 20 世纪 50 年代，就是小打小闹的简化汉字了。

现在回过头来看汉字的遭际，无论是被神化、被崇拜的阶段还是被否定、被咒骂的阶段，中国人对汉字都缺乏科学理性的分析和研究。直至今日，我们对自己的文字的研究，仍然说不上有多么深入，多么系统，还拿不出多么有分量的学术成就。《中国汉字文化大观》的作者指出，从古至今，关于汉字文化研究，理论思维贫乏，概念模式贫乏，方法论贫乏。专家们的把脉还是摸到了症候的。

中国改革开放之后，汉字的研究状况大为改善，对汉字的认识和研究，更趋于科学和理性。过去认为汉字难读难认，现在认为汉字有个性、有条理，从认读以及学习基础的全过程看，优于拼音文字，阅读速度高于英文；过去认为汉字不利于智力开发，现在有人指出，拼音文字靠左脑处理，而汉字左右脑并用，是开发大脑的工具；过去认为汉字和现代世界文化格格不入，认为汉字进不了计算机，现在汉字信息处理已经普遍运用于各个领域，汉字在迎接新科技和新事物方面应付裕如。

近些年来，汉字的行情继续看涨。据说，一些中外学者在深入进行语言文字对比的基础上，极力赞扬汉语的精练和汉字的艺术性，甚至认为，汉语、汉字将有主宰世界的前景。那些整天闭着眼睛叫喊着"厉害了，我的国"的"爱国主义者"如果听到这样的好消息，一定又要"喜大普奔"了，美国又要"吓尿了"，"中国又是最大赢家"了。这里面的外国学者是怎么想的，不敢妄加猜测，其中的中国学者，我们就不大陌生了，都是一个套路。清华某研究院的某某院长就敢在光天化日之下，撒出弥天大谎，说现在中国已经全面超过了美国，成为世界第一强国，受到神志尚比较清醒的国人的普遍谴责和嘲笑，他的动机也受到人们的强烈怀疑。这种人在语言文字界有几个也不奇怪的，不要当真就行了。英语在全球的绝对统治地位，不是靠吹牛皮吹出来的，是以极其强大的实力造成的。英国人的内功是资本主义现代文明的理念，外功是席卷全球的贸易和殖民。不妨这样说，英语的普及不过是英国资本主义在国际舞台上耀武扬威的一个副产品。最后还要补充一句，继英国之后的世界老大是美国人，英语的势力又有了新的支撑物。这就是英语称霸世界的背景。汉语能跟英语比吗？至少目前达不到英文的著名程度。且不要说中国不是帝国主义和殖民主义国家，时代也不是那个时代了。中国的影响只能在力所能及的范围内、切切实实地一点一点打造。等你有了人类文明的最先进思想和理念，又有了全世界离不开你的高科技，你的百姓过上了全人类最羡慕的生活，没准儿汉语和汉字就会大火起来。不过，这种可能性离我们还有一定的距离。现在就为这个事情操心甚至兴奋起来，并不是一个清醒理智的表现。当务之急是老老实实地把中国的事情办好，让老百姓过上好日子。如果你自己家里的孩子还上不起学，却急着花巨资把全世界的人都请到家里来学汉语，这是很不可思议的事情。

把话再扯回来。我们认为：汉字必须回到自己的正确位置。我们对汉字的态度，崇拜和敬畏就不必了，让它主宰世界也有点难为它，但尊重和仰望还应该有，对这样一份伟大的文化遗产，任何轻慢的态度都是不应该的。

近年来，常常能见到报刊和网络上谈汉字的文章。作者和读者对汉字有兴趣是件好事，这说明人们的文化素养在不断提高。但另一方面，也出现了一些值得忧虑的现象，那就是不动脑子，不翻书本，对汉字就敢信口开河地胡侃。这种想当然的"望文生义"，很容易误导青少年，把原本很严肃、很严密的一个知识体系解构为一堆支离破碎的拼图玩具。

我在网上见到一篇谈文字的文章，作者不了解汉字最基本的发展史，也不知道汉字的结构特点，甚至不知道有些汉字简化前的样子，就开始了"创造性的"汉字知识的普及工作。这位作者不知道"人"字的甲骨文和金文是一个人侧面垂手而立的形象，他解说的对象是楷书的一撇一捺。他告诉人们，"人字的结构就是相互支撑"，还进一步发挥道，这首先是男人和女人的相互支撑，因为人类首先需要繁衍下去。他也不知道"天"字上面那一横是什么意思，更不知道"天"是一个摆成"大"字的人，上面加了一横，也不知道"天"和"颠"的关系，随心所欲地把"天"字拆解成"二人"。当然，这二人还是男人和女人，"二人能顶一片天"。"生"字被解释成"人和土的结合"，"死"则是"歹"徒拿上"匕"首，置人于死地。作者兴致勃勃地告诉我们，"肺"字也很有意思，它是人身上的一个集市，这里每时每刻都在进行交换，吐故纳新，排出二氧化碳，吸收新鲜氧气。作者不知道，"肺"字的右边的偏旁，不是"市"，而是"巿"，跟市场也毫无关系。这个字是"韍（韨）"的本字，音 fú，在"肺"字中是作为声符出现的。仔细看，它跟"市"不一样，"市"的上面是一个点，"市"的上面没有点儿，是一个竖一穿到底。这位作者在强拆汉字的过程中，还发现了"哲理"。他以"过"字作为例证。他说：比如说这个"过"字吧，偏旁是坐车，就是位移的意思，那么位移要是超过某种分寸的话，那就要出现错误。这真是莫名其妙。一个"辶"，跟坐车挨得上吗？这个"寸"字是20世纪50年代简化汉字的时候才被调来代替"咼"字的，也许受了草书的一点影响（草书的"过"，"咼"字部分的符号，有点像阿拉伯数字"3"，用"寸"来代替也没有道理），跟古代的构字法更是无涉。顺便说一句，"过"字的简化并不是一个成功的例子。"過"字本来并不算复杂，完全不必简化，即便是简化，弄一个"寸"字来取代声符"咼"字，也不是一个很好的方案。不过事已至此，不提也就罢了，你还要跑来说这个字如何的有哲理，这都是哪儿跟哪儿呀？

这位作者讲了不少汉字，但除了"看"字解释为"用手遮在眼睛的上方表示看"之外，其他的字都讲错了。汉字有时候是可以"望文生义"的，但大部分时候望文生义是十分冒险的尝试。硬要生义，只能胡说了。比方说"贼"字，"贝"是钱财，"戎"是武装，一看就是拿武器抢钱，抢劫犯还不是贼吗？可是，懂得古汉语的人，就会指出，这个字不是会意字，而是形声字："从戈则声"，是"用戈毁则"的意思，也就是用武器破坏规则、法律的意思，看来已经不是一般的刑事犯罪，是武装政变了。"贼"是则声，京剧韵白的"贼"字跟"则"是同音的，但是我们现在很难从字里找到"则"的模样了。

汉字不是不能调侃，不能游戏，汉字的字谜和歇后语能给我们带来不少的乐趣。但对汉字的知识的普及，态度应该慎之又慎，没有太大的把握，没有一定的知识积累，切不可强不知以为知，好心没有办成好事，还给大家制造了麻烦。如果纯粹是为了好玩，为了搞笑，也应该事先说明，不要让不知底里的青少年被带到坑里而不自知。

对汉字，我们用不着敬畏和崇拜，更不要急着让它主宰世界，但也不能轻慢胡侃，还是要严肃点，善待为是。

从"走"字的误读看学古汉语的重要

近日翻闲书，发现不止一本书都谈到"走"字意思的古今变迁，这个例子确实比较典型，用它来证明古汉语就在我们身边、忽视古汉语修养会影响我们的认知，比较有说服力。

跟今人说"走"，都知道这是一步一步迈过来的样子，很少人知道，"走"原来并不是步行，而是奔跑。不知道"走"的原意，对"奔走相告""走狗"和"弃甲曳兵而走"的理解就不会十分准确。《韩非子》中有著名的守株待兔的故事，文中有"田中有株，兔走，触株折颈而死"之句。如果这只兔子慢腾腾地走过来，怎么可能撞到树上，把自己撞死？它一定是受到了惊吓，慌不择路地狂奔，才一头撞上了大树。"走狗"如果理解为一条迈着方步溜达着的狗，其原本的生动之态和讥讽为虎作伥者的意味，就荡然无存。只有懂得了这是一条态度主动积极、一路小跑为主人效力的狗，才能抓住"走狗"的要义。

那么，古人步行的样子用的是什么字呢？用的就是步和行。如古诗中有"行行重行行"这样的诗句。在南方的一些方言中，"走"和"行"等字仍保留着古义，"走"才是跑的意思，"行"才是走的意思。在日语里也存在着类似的情况，由于当初日本人引进汉字时意义并没有变化，所以，日文中的汉字，仍保留着古义。说"跑"用的汉字是"走"，说"走"用的汉字是"行"。

宋代的苏东坡在谈到书法时，曾有这样的描述："楷如立，行如走，草如奔。"说的是楷书是站立着的，静止不动；行书就跑起来了，草书跑得更快了。还有一个版本，说的是"楷如立，行如行，草如走"。不管是哪一个版本更为可靠，反正苏东坡想说明的"从楷书到行书到草书一个比一个速度更快"的意思是明确的。我猜想，之所以出现了不同的版本，也是因为这几个动词的意思不断变化所致。

"风流"一词，古今都在用，意义已经不知不觉地演变了多次。一开始，"风流"是一个中性名词，表示风俗教化，或者遗风（风气的流传）。《后汉书·王畅传》："士女沾教化，黔首仰风流。"后来"风流"多指士大夫阶层所喜欢的某些生活方式，即所谓"雅事"或者"雅兴"，《世说新语·品藻》中便有"门庭萧寂，居然有名士风流"之语。随着风气的变化，士大夫生活方式的颓败，"风流"这个词的意思也就渐渐变了味，成了贬义词，语涉暧昧，多暗示着无视道德规范的嫖娼狎妓之类的性乱行为。盛唐之时，文人墨客与青楼女子一起吟诗作画、酬唱应答的文化娱乐活动，被视为风雅之事，甚至是一种时尚，并非像后人所想象的那样不堪。一旦精神衰颓，只剩下床笫之事，"风流"的意思也就跟着走了味。我们如果不清楚"风流"的演化史，也就无法理解"数风流人物，还看今朝"中"风流"的意义，更不知道它是个褒义词了。

再举一个小例子："臭"字。"臭"字至今在字典上还是有两个读音的：chòu 音和 xiù 音。我们大多熟悉此字是"不分香臭"的"臭"，与"香"相对，是人们讨厌的一种难闻的味道，而不知道这个字最基本的意思却仅仅是"一种气味"，而不论其香臭。化学书上，说水是无色无臭的液体，就是说没有颜色，也没有味道。一个常见的成语"臭味相投"，因为不知道"臭"字的本义，十有八九都读错了，读成了"chòu 味相投"，而不是"xiù 味相投"。本来是一个比喻同类的人互相投脾气、合得来的中性词组，活生生地被变成了一个贬义色彩十足的成语。如果掌握了一定的古汉语知识，这种以讹传讹自行改造既定成语的情况就不会出现。

其实，类似的"古汉语残留"，在现代汉语中所在多有。这些汉字的古义，已经化为现代汉语的血肉，让人无可回避。我们只有两种选择，一种是抽空学点古汉语，长点学问，说话、读书、写文章能准确抓住文字的要领，另一种就是无视现代汉语中容易露怯的地方，我行我素，一错到底。

从甲骨文到楷书

——汉字形体演变简史

汉字在四千年左右的历史发展中，字形发生了多次的大变化。这种变化表现在两个方面。一个是笔势和体态的变化，一般称之为形体的演变。另一个是笔画组合的变化，一般称之为字形的发展。这两个方面有时候交织在一起，但本质上还是属于两个问题。前者是整个字乃至整个文字系统的字体的问题，也就是字的书写方法问题，观察角度是全字乃至整个文字系统的形体演变过程。后者是结构问题，也就是解析一个字，看它是由哪些笔画组成的。因为汉字形体的每一次重大变化都影响着多数字的结构的变化，字的结构变化就不是一个局部的、微观的问题，而是一个涉及全局的而且与形体变化密切相关的问题。如果宏观一点观察，我们还会发现，字的结构还有一个从简到繁再由繁到简的发展脉络。甲骨文时代汉字大多比较简单，为了适应交际内容日益繁复的需要，汉字越来越复杂，但为了书写方便，人们又不断地寻找更简便的替代方案，异体字、简体字的尝试不绝，最后，还出现了社会统一规范的简化字方案。

　　汉字的形体为什么会演变呢？主要原因有两个。一个是应用范围的扩大。另一个是书写工具的改变。汉字在最早的时候，使用的范围很窄，操弄文字的人很少，是专业的巫祝、祭祀、占卜、写史或者发布文告人员才能接触的。这时候的文字的使用，有很大的神秘感。由于使用汉字的人很少，书写汉字的技能成为一种专利，摆弄文字的时间也不是十分的紧迫。所以对于写字的速度要求并不高。而文字应用的范围扩大以后，使用的人多了，人们对于文字的普及性和写作的速度都有了改变的迫切要求，这就使得汉字变化有了很强大的内驱力。另一方面，书写工具的改变也会为字体的改变提供方便。谁都知道，用毛笔在帛或纸上书写，比用刀在龟甲或兽骨上刻字要快得多。汉字应用的广泛性要求人们能够快速而又准确地记录汉语。出于速度上的考虑，汉字的字形就要逐渐简化。这就形成了大量的异体字和假借字。为了记录和表达的准确性，就要不断地分化出多义字，形成一些古今字。顺便补充一句，文字也罢，语言也罢，作为一种工具，它们的不断改进都是与人们追求最大程度的省劲儿、省事儿相联系的。

　　汉字形体的演变，一般分为古文字阶段和近代文字阶段。一般的说法是，甲骨文、金文、籀文、篆文称为古文字，而篆书以下，也就是包括隶书、草书、楷书、行书，则称为近代文字。这两个文字阶段之间的过渡时间，是秦末汉初。"书同文"是体现国家意志，由秦朝自上而下强力推行的文字政策，因为适应了国家统一后政治、经济、文化发展的需求，所以得以在一个不算太长的时间内进展顺利，值得注意的是，即便是秦朝旋即灭亡，也没有影响这个文字政策的成功实施。

　　甲骨文是刻在龟甲和兽骨上的文字，也是现在能见到的最早的成体系的文字。甲骨文的应用年代，大致是商代中后期和周代前期，距今有三千多年了。到现在为止，出土的带字的甲骨有十五六万片，除了少量属于西周时期的外，十五万片以上是属于商代后期的。

甲骨文作为一种成熟的汉字，它的功能当然不应该仅仅限于占卜，书写工具也不应该仅仅限于刻刀和甲骨。除了占卜，应该还有其他的文字记载方式，实现汉字的其他用途。由于毛笔和书写用的颜料不易保存，文字的载体，譬如树皮树叶等也不易保存，所以我们现在无法见到这些东西，也没有证据确认其有无了。占卜所用的龟壳和兽骨由于深埋地下，所以能够保留到几千年以后。这给我们留下了一个错觉，似乎甲骨文就是为了占卜而存在的。

当然，虽说占卜不是甲骨文的唯一用途，但肯定是它的最重要的用途之一。在当时，人们对于大自然的认识、对于社会的认识还是比较蒙昧的，在强大的自然力面前，人类显得很渺小，左右不了自己的命运。他们常常要进行占卜，向上天和神灵询问一件事情的结果如何。打猎、作战、收成、疾病、生育，各种事情都要问问神灵，听听神灵的意见。现代人可能会笑话殷周时代人们的迷信，其实，现代人的迷信表现也好不到哪里去。算命打卦、烧香拜佛的，也多有。电脑算命跟古人用甲骨占卜，设备是更新换代了，其实质并没有太大的区别。

毫无疑问，甲骨文已经成为一种比较成熟的能够成功地记录汉语的文字体系，但是它毕竟是汉字最早的一个阶段，还在不断地丰富和完善中。所以它明显地表现出一种发展中的文字的特点。首先，它象形程度很高，甲骨文的许多字就像一幅简化了的图画。其次，甲骨文的字形不够稳定。虽然有相对一致的基本形态，但又容许有多种写法，笔道的多少、方向往往很是不固定。再次，许多字繁体简体并存，有些差别甚至还比较大。还有，甲骨文中的合文很多。一字一体、逐字排列的体例基本稳定，但两三个字挤在一起或者两个字共用一个笔道的合文现象，还时有所见，这与其他一些正在形成中的文字初期表现是相似的。最后，行文款式还不够稳定，每行字从上到下的顺序是固定的，但行与行之间的方向却不定，有的龟板上可能是自左而右，有的可能就自右而左。

　　金文是铸刻在铜器上的铭文。据地下考古资料证明，我国在夏代就已经进入了青铜时代。铜的冶炼和铜器的制造在商代晚期和周代已经十分发达。铁的冶炼和铁器的制造已经是战国末期的事情了。可以想见，青铜时代铸造的铜器数量一定是相当可观的，仅后世出土的就有令人惊诧的上万件。其中很多青铜器是铸刻了文字的。因为周代以前人们把铜也叫作金，所以铜器上的铭文就叫金文。又因为这类铜器以钟鼎上的字数最多，所以过去又叫"钟鼎文"。金文应用的年代，上自商代的早期，下至秦灭六国，约 1200 年。我们看到，金文存续的时间有 1200 多年。这种判断是以大量出土的铜器为根据的。铜器，便于保存，历朝历代都有出土发现，积累的资料十分丰富，存续的历史比较清晰。那么，为什么甲骨文的存续时间似乎只有数百年，要短得多呢？因为在清末以前漫长时间里，并没有甲骨文出土。商代甲骨文的出土和周代甲骨文的出土，地点也只有很少的几个，发掘的时间也集中在最近的一百多年之内。出土的甲骨文所显示的年代也只有几百年。但这并不能确证甲骨文的存续时间事实上就真的比金文短，也不能确证甲骨文时代除了甲骨、刻刀和铜器之外没有其他的书写工具。

　　还有一点也是值得讨论的。我们在谈到汉字的演进史的时候，为了叙述上的方便，公认的顺序是甲骨文、金文、篆文、隶书、草书、楷书等一路写下来，中间还用一个个路标式的箭头连接起来。这给人的印象是甲骨文居先，金文是甲骨文之后的一种汉字形态，等等。其实，这并不是一种准确的概括。大量证据表明，甲骨文和金文的存续，应该是有一些交叉、重叠存在的时间和空间的。否则就不能解释，作为太阳的象形文字"日"，何以在甲骨文中被写成了方形，而到了金文中又回到了圆形。唯一可能的情况是，甲骨文书写材料的不同，使字形的呈现受到了许多局限。用刀在甲骨上刻字，难度较大。刻刀只能直来直去，搞出直线条的划痕，笔道很细，转折处多为方形，很难画出象形字的浑圆线条。而金文的写法，是先在松软的泥质范模上刻字，然后利用浇铸技术，把文字铸到金属器皿上去。刻字者能够轻而易举地在泥范上把图画一般的象形字准确地刻出来，这就可以更接近当时汉字的原貌。书写工具和操作方法的不同，使同一个字在同一时间里也有着不同形态的呈现，你似乎不能够断言：出现在甲骨上的，就是"甲骨文时代"的字，出现在铜器上的，就是"金文时代"的字。

金文到底有多少个字？根据容庚的《金文编》第四版载，已识的字共2420个，未识的字1352个，共计3772个字。这个数字只能说是我们已经见到的金文的字数，我们没有见过的还有多少，不知道。把甲骨文已经发现的4500字拿来做一个参照，二者相差不到800字。也就是说，现在已经掌握了的材料，并不影响对金文基本面的考察。

那么，金文的发展脉络有什么特点呢？第一，早期的金文比甲骨文更象形、更保守。第二，早期金文笔道圆转肥粗，甚至搞出许多实心的团块。第三，后期的金文风格大变，逐渐抽象，转为线条化。这是不是受了甲骨文的影响，就不知道了。第四，后期金文趋于规范化，合体字基本消失，字形大小趋于稳定，形态趋向美化，行列趋向整齐，给人以美感。

在商周的甲骨文、金文之后，秦汉的小篆、隶书之前，是历史上的春秋战国时期，周朝势力早期比较强大的时候，各国的文字就会向周天子靠拢，求同的就多一点；到了周朝式微的时候，不光是文字了，各国的政治、经济、军事、文化也就纷纷各行其是了，文字变异的就多一点。秦国的文字是籀文，也叫大篆。它的模样在东汉许慎的《说文解字》中能见到220多个，在"石鼓文"和"诅楚文"的拓片上，也能见到一点儿。其他六国的文字，出于方便，统称为"六国古文"。多地陆续出土的一些竹简，使我们对六国古文增加了较多的感性知识，譬如，六国古文的一个显著特点就是俗体、简体的流行。如果不是秦很快统一了中国，实行了"书同文"的文化政策，各国的文字就越离越远，最后很可能就像今天的欧洲一样，小国林立，语言文字各搞一套。

　　小篆是中国古汉字的最后一个阶段。小篆来源于对大篆的改革和简化，通行于秦和西汉的前期。汉字发展到小篆，就已经实现了线条化、符号化和规范化。小篆的工整、规范和完备为全中国文字的统一提供了一定的便利，而它书写不便、费时费力的弊病，又为下一场文字改革拉开了序幕，这就是隶书的时代了。

　　在隶书以前的汉字，人们称之为古文字。从隶书开始，就叫近代汉字了，尽管隶书的发生距今已经两千多年，不算是很"近"了。隶书之兴，有多种说法。史书《汉书·艺文志》的说法是：隶书"起于官狱多事，苟趋省易，施之于徒隶也"。意思是说，当时政府机构管理事务繁杂，抓人判案子忙不过来，公文来往多而急，机关小干部们图个简便，就把字体笔画给改了。《说文解字》的《叙》中，也沿用了这种说法。晋代卫恒的《四体书势》则把隶书的发明归功于一个叫程邈的衙狱吏。说这个程邈得罪了秦始皇，被关在云阳十年。他在狱中对流行的汉字字形作了一番整理，随后把这套改革方案呈给秦始皇看。皇帝很赞赏，就放他出来做御史，专管汉字规范化这个事。"隶书"的"隶"指的是当时政府的办事员，级别比较低，因而没有使用"吏"更不要说"官"了。但到底是指程邈一个人（他当时还是个衙狱吏），还是一个办理公文往来的小职员群体，就不得而知了。今人文字学家唐兰先生指出："说秦代由于官府多事，才建隶书，这是倒果为因，实际是民间已通行的书体，官狱事繁，就不得不采用罢了。"唐兰的见解是通脱合理的。还有一些有力的实证，譬如睡虎地出土的秦墓竹简，文字的隶化已经十分明显，而其时离秦统一中国还有 30 年。

　　与小篆相比，隶书有如下的变化：解散篆体，取消弧笔，把弯曲的线条变为比较平直的笔画；合并形似的偏旁；简化字形；偏旁变形。汉字由小篆发展为隶书，笔画平直易写，部件规整易记，大大提高了书写的速度，是汉字演变史上的一大进步。

下面简单介绍一下草书。隶书对比小篆而言，书写效率是提高了，但与社会实际需求相比，其书写速度仍不能令人满意，于是草书在西汉时期应运而生。早期的草书称为"章草"，从东汉后期到魏晋，彻底脱去了隶书笔画的痕迹，称为"今草"。到了唐代，出现了更加奔放不羁的"狂草"，书写速度更快了，但也更不容易辨识了。草书的特点是：打破了隶书的笔法，简化合并偏旁，大量使用连笔，只存字的轮廓，以求书写神速。由于草书字形过于简单，普通人难以辨认，书写者需要重新记忆一套书写符号，为其广泛应用增添了障碍，始终不能代替隶书变成通用字体。但这并不妨碍草书成为人们喜爱的一种书法艺术，传世的张芝、王羲之、怀素等人的作品，已经成为中华民族无比珍贵的文化瑰宝。现代大书法家于右任，被誉为"当代草圣"。他系统整理历代草书，集成《标准草书·草圣千文》，并总结提炼出一套有规律性的符号体系，对草书的准确与规范做出了很大的贡献。

说到楷书，大家就相当熟悉了。楷书是对隶书稍加改造的一种字体，大约形成于东汉末年，到魏晋时代趋于成熟。楷书保留了隶书的基本结构，去掉了影响书写速度的波磔，字体端庄，书写方便，六朝以后就成为人们日常应用的通用字体，直至今日。大概是由于它可做人们学习模仿的楷模的缘故吧，被称为楷书。楷书的特点是：笔画横平竖直，结构紧凑，气势流畅，形体优美。历代留下了不少的楷书传世精品。唐代的欧阳询、颜真卿、柳公权和元代的赵孟頫，被称为楷书四大家。现在印刷物上和电脑中的楷体、宋体、仿宋体、黑体都是楷体在应用中的不同变化样式。

行书是介于草书和正体字之间的一种流畅字体。这个"正体字"，在隶书时代就是隶书，现在讲就是楷书了。隶书和楷书的书写，必须一笔一画地进行，要写得端端正正才能符合要求，这就要多花不少工夫。这对向朝廷汇报工作是必要的，给好朋友写一个便条，约时间一起喝酒之类的不太正式的场合，就完全可以写得随便一点，草率一点。如果一件事情很急，需要赶时间，你就不妨潦草一点，不能四平八稳地搞正体字了。稍微潦草一点尚可，如果成了草书，未经过专门的训练就没有识别的能力，也会误事。折中的结果，就是行书。书写速度快了，但正体字的形体又没有太大的改变，所以很方便实用，便于流行。

行书的特点，就是在保持楷书形体轮廓的前提下，适当运用连笔，省减笔画。与草书相比，书写者需要特别记忆的汉字零部件的处理方式也不多。行书，大致又可以分为三小类：楷书成分多、草书成分少的，叫行楷；反过来，楷书成分少而草书成分多的，叫行草；很难判定二者孰多孰少的，也甭费那个劲了，叫行书就行了。传世的行书精品，有晋代王羲之《兰亭序帖》的临摹本，有唐代颜真卿的《祭侄文稿》。宋代米芾和元代赵孟頫的行书也都有较大的影响。

汉字的历史演进过程是十分复杂的，并非是一条直线切成几段，每一段标出一种字体的时代即可大功告成。各个字体之间的关系，也不是你灭我生，像朝代更迭一样，新来的一伙儿必须把推翻的一伙人杀净，而是呈现出长期并存、参差发展，彼此重叠、交叉、平行、替代等多种形态，旧书体的退出和新书体的全面覆盖，都是一个渐进的过程，除了秦代利用强制行政手段"书同文"，其他书体的更替，在时间上的界限都比较模糊。如果机械地想象只有甲骨文衰亡了，金文才兴起，草书消亡了，楷书才独步一时，那就远远地背离了汉字演化史的史实。

门外汉眼中的甲骨文

  甲骨文现在是一门专业性很强的高深学问。人们对这门学问所知有限，只知道它是汉字最早阶段的存在方式。我们偶然会见到甲骨文的图片，一看到那黑乎乎的龟板，龟板上那奇形怪状的图案，头皮就会发紧。其实，门外汉完全可以不关心学问，仅仅是好奇，你就会发现，甲骨文还是有很多好玩的故事的。

  先说说甲骨文的发现。甲骨文的发现，有一定的偶然性。在发现甲骨文之前，也就是清朝末年以前，中国读书人比较熟悉的古文字是小篆，因为东汉时代许慎写的《说文解字》流行得比较广。对金文（原来也称之为"钟鼎文"）有一定的了解和研究，因为历史上有些朝代陆陆续续也挖出过一些青铜器。至于甲骨文，从来谁也没有听说过，所以甲骨文在殷商灭亡的 2800 多年之后突然露面，绝对是一个石破天惊的大事件。孔子是个研究"礼"的专家，他曾经因为手里拿不到"殷礼"的证据而感慨万端。如果他当时能见到殷商的甲骨文，他的科研成果肯定会更加丰硕。

  话说清朝光绪二十五年（1899），北京城里国子监祭酒王懿荣（字廉生，谥文敏公）得了疟疾。他延请太医诊治。太医诊脉后开了处方，家人遂到宣武门外菜市口一家明代开张的老药铺"达仁堂"抓药。家人买回中药之后，王懿荣亲自一一检视。他发现，其中有一味叫作龙骨的中药，好生奇怪，好像是一些骨头片子，上面还刻着一些像是篆文却又难以辨识的符号。这个国子监祭酒的官儿，也是相当显赫的，有人说，从教育功能上说，相当于今天的北大或者清华的校长，从培养干部的功能上说，就有点类似中央党校的校长了。王懿荣校长肯定不会读错别字，他的学问不是一般的好，精通铜器铭文，对金石之学古文字都有较深的素养。他翻来覆去地研究着龙骨，越想此事越非同寻常。他马上派人到药店询问龙骨的来源，并将店里带字的龙骨全部买回来。收购龙骨的活动在整个京城的各大药铺悄然展开，发现龙骨的新闻也就随之在整个文化界迅速传播开来。研究历史、研究金石、研究文字的人们都开始议论起龙骨的事情来。

经过一番的调查研究，人们发现，北京各大药铺所进的龙骨，都是由河南等地的药材商人采购来的。进而知道，这些所谓的"龙骨"，是河南安阳一带的农民在种地时偶然发现的。笔者至今纳闷的是，这样一种农民偶然发现的骨头片片（差不多都石化了吧），怎么会表现出治病的功能，轻易地赢得中医大夫的青睐，并大模大样地进入了中药材的流通环节，迅速流入大大小小的中药铺，流入患者的煎药砂锅。我对"龙骨"这玩意儿能不能治病，是不感兴趣的（也深表怀疑），但对如此珍贵的历史文物被当药煎了、随后又被当药渣倒掉了痛心不已。

王懿荣等学者悉心地研究了收罗来的骨片上的符号之后初步断定，这是一种比当时已知的各种古文字都更为古老的文字。甲骨文就这样被人们发现了。

发现甲骨文的故事，还有一个与此大同小异的版本。这个版本把整个故事的时间向前推了一年，从1898年开始。故事说，由于河南安阳一带经常出土古代青铜器和其他一些文物，北方各地的古董商们都云集于此搞收购。其中有一位山东潍县的古董商人范维卿，发现了安阳小屯村的农民挖出来的带有刻字的"龙骨"。当年的冬天，范维卿把此事告诉了天津的穷秀才孟定生和王襄等人。这些人也很重视这件事，推测这是一种契刻文字或者是古代的简策。1899年秋，范维卿带了一包"龙骨"进北京送给国子监祭酒王懿荣掌掌眼。王懿荣一见大喜，立即以重金购买收藏。经研究，王懿荣断定，所谓"龙骨"，是商代用以占卜的甲骨，上面的符号是比篆文和籀文还要早的一种文字。很明显的是，这个版本到了王懿荣这里就和头一个版本合流了。这两个故事并存也并不矛盾，有一点是明确的：王懿荣对甲骨文的发现是一个不容否定的事实。

甲骨文被发现以后，顿时身价百倍。中药铺的"龙骨"被抢断了档，人们都把眼光投向了河南安阳小屯。小屯出土甲骨之类的文物，不像雨天采蘑菇，一般上山了就不会空手而归。人们也只能是碰运气，并非什么人去了都能找到。于是，急着赚钱的古董商就开始作假了。但是甲骨文造假难度较大。首先，造假的材料就不好找。新鲜的牛肩胛骨和乌龟壳，怎么加工也不像地下埋了几千年的文物，一闻那臭烘烘的味儿，人家就恶心了。但办法还是有的。造假者开始在出土的真甲骨上做文章。甲骨身价百倍的值钱原因，是上面有字。收购者是按字数计价付钱的。造假者开始收集没有字的甲骨和字数少的甲骨。请人在上面再刻上一些字，这样，卖不出去的空白甲骨就能卖出去了，字数少的甲骨就能多赚些钱。然而，甲骨文专家也不是那么容易欺骗的，况且没有字的真甲骨，存量也极其有限，所以这个骗术也就难以为继了。

人们一提到甲骨文，立马就会想到它是出土于河南安阳殷墟的商朝的文物。随着考古成果的不断增加，这个说法也要予以修改补正了。殷墟出土的甲骨文固然是史上最早的，但它已经不是唯一的甲骨文了，近几十年来，考古工作者先后在陕西岐山、扶风和北京昌平等地，都发掘出了甲骨，不过，后来发掘出来的，都是周朝的了。

其实，在河南殷墟出土了大量甲骨文之后，人们的脑洞大开，按道理说，甲骨文作为一种文字不可能只保存在安阳一个地方。1940 年，一位叫何天行的人在上海的《学术》第一辑上发表了一篇文章，题目就叫作《陕西曾发现甲骨文之推测》。作者何天行根据古书上的一些记载，推想在陕西的地面上很有可能会发现周朝的甲骨文字。人们比较熟悉的《诗经·大雅·绵》中也有这样的诗句："周原膴膴，堇荼如饴。爰始爰谋，爰契我龟。曰止曰时，筑室于兹。"这里提供的信息是：周部落刚刚迁移到周原的时候，就利用乌龟壳搞占卜了。以此推断周朝会留下甲骨文的东西，并不离谱。可惜《学术》这本期刊流传不广，加之甲骨文的出土之类的事情已经没有了新闻的热度，所以这文章也就没有引起人们的关注。何天行的预言终于被后来的考古成果所证实。1954 年 10 月，山西省洪赵县挖出了周朝的甲骨。1955 年到 1957 年间，西安张家坡周代遗址中发掘出两片带字的甲骨。1975 年 3 月至 6 月间，北京昌平白浮村的西周墓葬中，出土了一些卜甲和卜骨残片。以上的几次挖掘，所获甲骨数量不大，破损严重，字迹也少，未能引起学术界的重视，但起码证明了能出土甲骨文的地方绝非只有河南安阳一处。

有轰动性的甲骨文出土大新闻，发生在 1977 年 8 月陕西岐山凤雏村。在一个房间的窖穴里，发现了卜甲 16700 多片，还发现了 300 余片用牛的肩胛骨磨制成的卜骨。1979 年，又在同一遗址的另外的窖穴中，发现 400 余片卜甲和卜骨。这两次发掘，共发现刻有文字的卜甲 290 余片。这些卜甲残片，面积都很小，跟现在使用的一分钱、二分钱硬币差不多大。上面刻的字，自然就更小，像粟米粒一般大，要用五倍以上的放大镜才能看清楚这些字迹，简直是中国微雕的开山鼻祖了。到底是因为当时龟甲过于珍贵，舍不得耗费，还是考虑到保存和携带的方便，尽可能把字刻小，就不得而知了。

西周甲骨的五处发掘，共得有字甲骨 306 片，字数在 1000 个以上。相比于殷墟出土的商代甲骨，显得太少了，但毕竟填补了一个重大空白，对研究周代文化的意义也不可小觑。

自从 1899 年甲骨文被发现以来，已出土甲骨十五六万片，每片甲骨上的字数不一，多的有八九十字，少的仅有几字。经过数代甲骨文学者的考证研究，已整理出的甲骨文单字总数有 4500 多个，其中已经认识的近 2000 字，常用而无争议的字，有 1000 多个。为什么还有一多半的字认不出来？这固然与甲骨文距离我们太久有关，更重要的原因是，许多字是当时的人名、地名和器物名，时过境迁，随着这些人物和地名还有器物的泯灭，这些文字遂不可考。

商周的甲骨文的出土，使人们对商周社会的研究有了一个质的飞跃，对确认中国文字发生史和中国信史的准确起点都提供了确凿而珍贵的依据。

当汉字遇上电脑

汉字的历史，至今大约是四千年。能拿出确切证据的年代，是三千二三百年，有河南殷墟出土的甲骨文为证。汉字队伍一路走来，颇为不易。根据已出土的文物来看，一开始是甲骨文，随后演化为金文。汉字最早出现大发展、大流行，应该是小篆的时代。这时候字形的变化已经相当大了。但比起其后陆续出现的隶书和楷书，小篆的改革，还是只能瞠乎其后。汉字走到二十世纪，忽然面临一个存亡绝续的生死关头。

由于西学东渐，先进的中国知识分子发现，西方人都是在使用字母文字，二三十个字母，在一架小巧的打字机上敲来敲去，一篇文章很快就拿出来了。而汉字打字机，字盘上必须放一千多个字，这还不够用，还有备用字盘。打字员要熟记每个字的位置，这记忆量可是不小。汉字数以万计，笔画又繁难无比，一眼望去，黑压压一大片，难记、难认、难写，简直成了中国文化落后的典型象征。于是，一时间改革汉字的呼声大倡，激进的知识分子恨不得一个早上就把汉字变成拉丁字母。潮流所向，连文学巨匠鲁迅先生也参加了讨论。改革派的声音明显地高于保守派，似乎没有疑问地代表着时代前进的方向。

这件事情没有办成，是因为此事过于严重、繁难，牵扯面大，各方面盘根错节，加之世道不太平，战火不断，民不聊生，根本顾不上搞这种改革，这才将此事搁置起来。20世纪50年代的简化汉字之举之所以失之匆忙、粗糙，简化幅度过大，内中不排除汉字拉丁化的余音袅袅的影响。既然汉字迟早要拼音化，同音字大规模地合并一下，有个汉字在那里暂时应付一下，有何不可？说不准哪天汉字拉丁化了，拼音化了，比这还简单呢。简化汉字的功过还可以从容讨论，但无论如何，值得庆幸的是，汉字保住了。汉字拉丁化没有搞，但语言文字学家也没有闲着，他们弄出了一个汉语拼音方案。这个方案厥功至伟，虽说不可能成为正式文字，但作为汉字学习的辅助工具、检索工具，普通话的普及工具，还有专名拼写、术语代码等各方面的应用，用处太大。日后的汉字电脑输入，它也立下了汗马功劳。

电子计算机一朝兴起，汉字落后论和汉字瓶颈论的声音又时起时伏："我们已经失去了打字机时代，不能再失去一个电脑时代！"汉字好像又要拖中国人使用电脑的后腿了。谁也没想到的是，抱怨汉字的声音刚刚出现，就被立马打回去了。这回汉字终于有了扬眉吐气的日子，它不仅赢得了生存和发展的权利，甚至还有了傲视群雄的胆气。汉字不是结构复杂不利于编码吗？实践表明，对于电脑的强大功能来说，汉字编码这点小麻烦，根本不算一回事。汉字笔画繁难不是不利于书写吗？现在除了中小学生写作业、办事需要留个便条，一般用不着动笔写字。坐在电脑前，谁都能轻轻松松地把汉字输入进去。年轻人人手一个智能手机，两个大拇指在那里一阵抖动，好几句话都输进去了。我甚至想，20世纪50年代如果出现了电脑，简化汉字的动议很可能就没有必要考虑了。如果大多数人都用不着一笔一画地在稿纸上"爬格子"，汉字简化的必要性就不大了。

汉字在电脑上的输入、输出轻巧得就像在打电子游戏，中国人一直引以为傲的活字排版印刷，转瞬间就成了古董。全中国的铅字排版印刷，就像一阵风吹过，不见了踪影。铅与火的时代正式终结。这变化着实令人眼花缭乱。我们作为这种变化的目击者和当事人，不可以不知道汉字遇到电脑以后到底发生了什么。

用电脑来处理西文，当然要简单得多，英文只有 26 个字母，仅就编码而论，码的长度就比汉字的编码要短。英文大小写字母 52 个，再加上其他符号，总共也就 100 多个字符，总体工作量很小。相比之下，汉字就令人头大了。汉字进入电脑就要研究如何克服自身的"不利条件"（与西文相比较而得来劣势）。汉字没有字母，是意音文字，且数量巨大，结构复杂（零部件多达数百个），同音字现象严重。其中同音字问题解决不好很容易降低输入的速度。汉语的音节数只有 417 个，算上声调也只有 1200 多个。《新华字典》上收了 11200 个汉字，如果除以 1200 个带声调的音节，每个音节平均要承载 9 个字，如果除以不带声调的 417 个音节，每个音节平均要承载 26.85 个汉字。有的资料显示，同音字最多的音节，其同音字多达 100 多个。确实有点恐怖。然而这些困难在跟电脑亲密接触的过程中一一化解，从 20 世纪 90 年代的小规模试水，到近些年来的千帆竞渡，电脑在国民中普及速度之快、范围之广，连我们这些亲历者也不能不感到吃惊。现在甚至难以想象，如果生活中没有了电脑和智能手机，中国会是一个什么景象。

对于一般用电脑的人来说，内部的编码与我们毕竟远一些，不同输入方法的尝试和演变，与我们的关系就相当密切了。

根据所使用的输入设备，可以把汉字输入分为键盘输入和非键盘输入。键盘输入法又可以细化为大键盘输入法、中键盘输入法和小键盘输入法。

所谓大键盘输入法，也被称之为"整字输入"，其思路多半还是来源于原来的中文打字机。特制的大键盘上分布着几千个常用汉字，一个键代表一个汉字。输入者要熟记各个汉字的位置，找到需要的汉字，用特制的电笔点击，便可以输入。也有一个键代表9个汉字的，9个汉字的选择，按数字排序来区分。与大键盘输入法同时出现的，还有一种中键盘输入法。这种键盘上有几百个键，代表几百个汉字部件及常用的独体汉字。与大键盘输入法不同的是，合体字的输入不是整字输入，而是把合体字拆开，按照人们书写习惯的次序，把零部件依次输入，在电脑中组装成字。这两种键盘今天看来实在是太蠢笨了，记忆量也太大，所以很快就被淘汰了，现在只剩下小键盘输入法在为我们服务。

现在我们普遍使用的是小键盘，也就是人们都熟悉的、有上百年历史的西文打字键盘，我们把表示汉字的音或者形安排在各个键子上，用拼音方式或者汉字零部件组装方式把汉字输入，也就是"音码"和"形码"的输入。

先说音码。小键盘按照汉字输入的要求，对各个键子都重新分配了职务，电脑操作者把汉字按汉语拼音方案的要求敲进去就可以了。同音字是难免的，一个音节敲进去，立马跳出来一堆同音字，其顺序是高频先见的原则。操作者把需要的字确定下来即可。如果第一次出来的字没有自己要的字，可以"翻篇儿"，对同音字多的音节，要多次翻篇儿才能找到所需要的汉字。

拼音输入法的好处是便于普及。汉语拼音是大家小学时候就学过的课程，稍加复习便能操作。另一个好处是便于"想打"。打字员看着文稿输入，叫"看打"，听别人口授输入，叫"听打"，自己边想边打，就是"想打"了。小孩做作业、大人写稿子，都是"想打"。因为脑子里想的是语音，键子敲的也是语音，思路不易被打断。反之，如果"想打"使用的是"形码"，就时时还要从文章的思路里面跳出来，琢磨一下输入的字形。但是，音码也有明显的缺点，一是会写不会念的字无法输入，二是输入效率太低。有的汉字音节长达五六个字母，需要连敲五六次键子，有的音节同音字太多，找一个字翻篇儿不止，令人抓狂。针对这些缺点，新办法应运而生。一个好办法是把全拼变成双拼。每个字只要敲一个声母和一个韵母即可。这就大大减轻了输入的工作量。为了解决同音字的困扰，电脑推出了"词输入"和"句输入"的方法。汉语中虽然同音字多，但同音词就少多了，同音的句子就更少而又少，加之高频出现的一些固定词组可以简化输入方法，只敲各个字的声母即可，同音字的纠缠现象会大有好转。但实话实说，双拼输入法产生的同音字问题其实并没有完全解决，我自己至今对此也颇感烦恼。但因为惧怕形码更大的记忆量，也不敢轻易改换门庭，只好安于现状凑合着。在写专业性不太强的文章的时候，语音输入也不失为一种选择。现在的语音识别软件，功能相当强大。

形码输入法。形码输入法的普及率比通常预想的要高许多。党政机关和企事业单位的打字员、街面上图文打印社的打字员，大部分都是用形码，而且用"五笔字型"输入法居多，因为当初"五笔字型"出现得比较早，宣传也火爆，抢占了先机。

形码输入法的设计过程分两步：先是根据汉字字形把每个汉字分解为有次序的一个个部分，也就是一些零部件。这些零部件，可以是笔画，也可以是一个相对完整的偏旁部首，还可以是一组笔画，有人称之为"字元"。其后，是规定键盘上的每个键子（包括字母键和数字键）承载哪些零部件。这个设计过程，很像是我们早先根据一个汉字的四个角编码去查四角号码字典。对于电脑操作者来说，就是接受设计者的成果，按照既定的键盘安排，把每个键子的分工背下来，在输入汉字的过程中强化记忆。形码输入中会不会出现相同编码的"重码字"？当然会有，不过较少，跟音码中频繁出现的同音字的情况不可同日而语。重码率低是形码最重要的优点。形码的另一个优点，是"平均码长"短，击键次数就少，因此输入效率比音码为高。形码的缺点是操作者必须记住输入法规定的汉字拆解规则和零部件的处理办法，"五笔字型"输入法要记住150个"字元"的内容和在键盘上的分布状况，否则无法操作。这个开头要苦一点，记忆量大了一点，但熟练之后，在工作效率上会得到补偿。

不管是音码输入法还是形码输入法，其实都存在一个不断完善和规范的问题，事实上每种输入法也出于扩大市场的考虑，不断改进、补充、扩大自己的功能。在形码方面，出于社会责任感的考虑，输入法的设计者应该自觉遵守汉字规范化的要求，一旦输入法对汉字的拆分以及对笔顺的规定等背离了规范，对中小学生的识字教学及社会用字的规范化就会产生负面的影响。我印象中有一种形码把汉字的偏旁和部首硬性地归类于英文字母形状，因为严重地违背了汉字的构字规律和结构特点，很不利于中小学生的汉字教学。它后来逐渐消亡的事实说明，违背汉字规律的输入法在市场上也是没有前途的。

非键盘输入法包括"光学字符识别方法""笔输入"和"语音识别方法"三种。此三种方法虽说不一定在写作中应用，但因为都有其独特的功能，所以对我们的学习、工作和生活都很重要。只看"光学字符识别方法"，还不了解这是个什么东西，但一提起扫描仪，你就明白了，有时候是需要把图片或者文件用扫描的办法输入电脑的。现在有关方面的软件十分发达。我曾经试验过，用手机把一个商品说明书拍照下来，然后用一个识别软件一读，发现一个字也没有错，识别率百分之百。图片上的文字，原来需要重新输入一遍，十分麻烦，现在照相或者扫描后电脑识别，十分快捷、方便。这就能把图片上的"死"的文字变成活的文字，可以增删修改，极为便利。

"笔输入"也很有用。不管你用的是什么输入法，都有找不到字一筹莫展的时候。这时候，有的输入法就会跳出一个手写输入的提示。你用鼠标或者手写板把字写上去，电脑会出现一批类似的字供你选择，直到你找到需要的字。有一些不愿意记忆输入方法的老年人，干脆就用手写板在电脑上输入，虽说速度慢了一点，但毕竟胜于手写，况且文章写好了也便于打印或者从电子邮箱发出。

　　"语音识别"一开始大家没有重视，现在都看到了它的光辉前景。最吸引人的是它的两个不俗的表现：一是现在用话筒在电脑上口述输入，电脑的识别率很高，错误很少，这对普通的文字写作尤其是散文和小说的创作，提供了极大的方便。二是袖珍翻译机的问世。一个比手机还要小的翻译机，可以让讲两种语言的人顺畅地交流，这在以前是想也不敢想的事情，现在终于梦想成真。这对普天下的游客们是一个极大的福音。语音识别软件功能越来越强大，手机里安装一款，走遍天下都不怕。

　　这就是汉字和汉语遇到电脑之后发生的奇迹，高科技为我们的生活提供了越来越精彩的体验。

国人对汉字到底了解多少？

汉字是中国人阅读和书写的最重要的工具，也是传承古今中外文化典籍的主要载体。说到中国传统文化，汉字应该是最重要的组成部分，没有之一。看到有的出版物，把汉字称为中国人的"第五大发明"，很不以为然，觉得貌似评价很高，实则严重贬低了。中国的四大发明，重要是重要，但都是在技术层面上的东西，跟汉字完全不在一个层面上。汉字是一个完整的符号体系，它的作用和意义，根本不是四大发明或者八大发明可比的。汉字在中国传统文化中当然也是一个子系统，但这个子系统跟其他子系统还不一样。其他子系统，范畴比较明确，独立性较强，与其他学科的关系，即便是有点交叉，"边缘"也还是比较清晰。普通人和中医的关系，是可即可离。你可以研究，也可以一无所知，有病直接去看中医大夫即可。汉字的学问就完全不同了。它本身是一门大学问，它同时又是其他子系统的重要载体，多数情况下甚至是唯一的载体。你几乎不能想象，没有了汉字，我们还怎么讨论所谓的中国传统文化？没有汉字，我们还说什么《黄帝内经》和《伤寒论》？中医你可以一无所知，把事情交给中医大夫，你对"望闻问切"和"阴阳表里"

茫然无知，没有人笑话你；汉字就不行了，你阅读和写作离不开它，你说你对汉字一无所知，自己就会觉得难为情了。你也觉得，你对汉字并非一无所知，可是你知道仓颉么？知道许慎么？知道甲骨文么？知道汉字的几个重要发展阶段么？我们不妨在这里玩一个小游戏，出几道最简单的测试题，看看你能不能脱口而出，回答正确。

汉字可以证实的历史是多少年？

汉字的总字数到底有多少？

现代中国人需要掌握的常用汉字数量是多少？

汉字的特点是什么？

汉字的偏旁部首有多少种？你能不能迅速地确定一个生字的部首，并很快地在字典上查到它？

你能说出几种最著名的汉字工具书？

以上几道题目并不算刁钻，但是我估计，语言文字专家不算，能及格的人不多，能打满分的人恐怕就很难找到了。我们自以为是汉字的老朋友，差不多是朝夕相处，可一旦较真起来，你对这个老朋友的年纪啦、高矮胖瘦啦、经历啦、性格特点甚至联系方式啦，都一概不知。

这是不是一个令人尴尬的事儿？不瞒诸位读友，实话说，对上面的这几道题，我也只能大致上及格。为什么？有的题目没有人能提供出标准答案，有些数据如果不是特意研究，不大容易记住，能说出个大概，就算不错了。尽管如此，我们还是有必要把汉字的主要常识了解一下。这回，我不用"大概"这个词，我要搬出一堆书来，跟大家一起弄出一个相对清晰的答案。

汉字可以证实的历史是多少年？

资料表明，最古老的汉字系统，最迟也在距今 3300 年前就出现了。这有从河南安阳殷墟出土的龟壳和兽骨上的甲骨文为证。作为一种能够使用的比较完善的文字系统，甲骨文的出现肯定更早，也许是因为文字的载体（树皮、兽皮之类）不易保存，今天我们见不到了。刻在龟甲和兽骨上的字埋在地下，保存得很好，碰巧在清代被挖出来了，被当作中药"龙骨"出现在中药铺里。一位吃中药的患者闲来无事，检视了一番自己的中药，发现里面的骨片片上还有字迹，于是甲骨文被发现了。这位患者就是清末的国子监祭酒王懿荣。王懿荣是个大学问家，后来对甲骨文的研究也做出了大贡献。说起来也真是老天眷顾，中国人在这片土地上生活了几千年，甲骨文怎么就一直没有露面，偏偏在 19 世纪末就冒出来呢？

有人指出，1983—1987 年考古界在仰韶文化中心所在的河南省中部舞阳县北的贾湖新石器时代遗址的随葬物中发现了契刻符号，个别符号与甲骨文的某些字形相似。贾湖遗址的器物，距今 7000—8000 年。这个发现不能说不重要，也不能说意义不重大，但符号数目太少，不足以认定是一种较为成熟的文字，充其量也只能说符号与甲骨文可能存在着一定程度的渊源关系。类似的出土文物，不止一处。

以甲骨文的文字系统的成熟程度来推断，这套文字系统起码在 4000 年前就形成了，但推断毕竟是推断，没有确凿的证据，就不能随意下断语。以这种科学的、实事求是的态度来对待历史，我们还是把以产生文字系统的时间为标尺的文明史的起点定在 3300 年前为好。中华文明"上下五千年"的说法是一种概说。我一直想不明白，就是真的在文字发明史上抢了一个第一，又如何呢？"我们祖上比你们阔多了！"并不能使阿 Q 增长任何真实的本事。当然，有的人实在想吹汉字，也并非找不到一个"吹点"。汉字肯定不是世界上最早出现的文字，但既然更早的文字都早已不见了踪影，汉字就熬成了岁数最大、现今还活着而且活得越来越滋润的一种文字。

那么，出现最早的文字是什么文字呢？世界上公认最早的文字，是出现在古代中东地区美索不达米亚平原（现在的伊拉克地区）上的楔形文字。发明楔形文字的民族是苏美尔人。楔形文字距今已经有五六千年的历史，比中国的甲骨文早了约2000年。楔形文字在西亚流行了3000年，后来就消失了。顺便说一句，近些年来，有人从中国青铜器与中东青铜器的比较上，从甲骨文与楔形文字的比较上，从分子人类学研究苏美尔人和汉人的联系上，梳理出中国青铜文化和汉字与中东文化的某种传承关系，作为一个学术动态，可供有兴趣研究文化发展史的人继续关注。

汉字的总数到底有多少？

文字的创造和丰富、发展，是一个民族群体不懈努力的结果，是很长时间的一个动态过程，这个接力赛至今也没有完结，随着人类文明的演进、社会生活的变迁，汉字也在不断地除旧布新。多年用不着的字死亡了，新生事物的出现又催生了新字。了解了这个事实，就可以理解，没有什么人敢说，他能够报出汉字的总字数，精确到个位数。

汉字的工具书，永远都只能是跟在汉字的发展后面，做一些力所能及的搜集、统计和注解工作，编纂者用本时代的认知水平提供一定的诠释。

汉字最早的工具书，是东汉时代出版的《说文解字》，作者许慎，成书于121年，收有9353字，还有重文1163字，共收了10516字。成书于543年的《玉篇》，作者是南朝梁顾野王，收16917字。成书于1008年的《广韵》，作者是宋代的陈彭年等人，收26194字。成书于1039年的《集韵》，作者为宋代的丁度等人，收53525字。成书于1716年的《康熙字典》，是清代张玉书等人著，收47035字。成书于1914年的《中华大字典》，作者是民国的陆费逵等人，收字4.8万多个。1990年出齐的《汉语大字典》，由徐中舒主编，收字 5.6 万多个。1994 年冷玉龙等人编撰的《中华字海》，收字 85568 个。我不厌其详地罗列了中国历史上最重要的一批汉字工具书，是想让大家看看，汉字的总数，还真的拿不出个标准答案来。如果一定要说一个数字出来，我以为，说汉字总字数大约在五万上下，不算离谱。苏培成先生在谈到这些字书时曾指出：这些字书收的汉字字数，并不能完全反映编书时社会实有的字数，遗漏几乎是难免的；字书中的异体字、多音字，多半是分别计算的，如果合并多音字，规范异体字，字数总量会减掉不少；另外，字书收字主观上力求其全，所以不管死活，尽可能悉数收入，其实正在使用的汉字只是字书中的一部分。

现代汉字总数是多少？答案是：不超过一万。文字学家裘锡圭先生说："从商代后期到周末，一般使用的文字的数量，很可能一直在四五千左右徘徊。直到现在，据近年的统计，一般使用的汉字的数量，也还是四五千字的样子。"中国人熟知的"十三经"，全部字数为 589283 个，其中不相同的单字数为 6544 个。司马迁的《史记》使用了 4971 个字，曹雪芹的《红楼梦》，使用了 4462 个字。这样，我们记住了一个"五万上下"的总数目和现代汉字的"不到一万"，还有"四五千"的常用汉字数，也就差不多了。

如果把这个问题延伸开来谈谈，就应该介绍一下"汉字效用递减率"了。每个汉字在应用中的使用频率是不一样的。有的汉字很活跃，使用频率高，譬如，"的"字，平均 100 个字里面它的出现高于 4 次还多。有的就不怎么活跃，使用频率较低，你读了 1000 个字，它也没有露面。作为汉字的使用者，你当然应该记住并且熟悉最活跃的汉字，而对那些"不死不活"的汉字，就不必过于在意。据专家的统计，最高频率的前 1000 字，覆盖率大约是 90%，前 2400 字覆盖率达到 99%。字频统计中序号在 6600 以后的字，不管有多少字，总覆盖率不超过 0.001%。于是，我们就明白了，小学识字量是 2400 个，九年制义务教育识字量，是 3800 个，中学识字量是 6600 个，是通用字的量。

国家语委在 1988 年研制成的《现代汉语通用字表》收字 7000 个。

汉字的特点是什么？

一个东西的特点，总是在同其他同类事物的比较中发现的。汉字的同类，就是世界上同时存在的其他文字。世界上的多数文字，是字母文字，这些字母，在多数语言里是表示音位的，在少数语言里是表示音节的（如日文）。汉字跟它们全然不同，汉字不是用字母，而是用不同的笔画构成大量的表意符号，用这些符号来表示特定的形、音、义。有人把汉字称之为意音文字，也就是既表意也表音。尽管汉语语音的发展和汉字的演化使得汉字的象形功能和表音功能都打了许多折扣，但我们还是不能否定汉字的表意表音特点，否则也就无法解释，占了汉字绝大比例的形声字何以还称之为"形声字"。

汉字有以下几个明显的特点：一、汉字有高度的集约性，一个汉字不光是代表一个语素，而是集形、音、义于一体，信息量高度密集。汉字的零部件也就是偏旁部首，大部分是有意义的，为初识汉字者能够提供许多辨识和记忆上的门径，许多汉字的音义甚至是一目了然的。而西文的字母是没有意义的，不拼读完整个词，你是不知所云的。汉字集约性强的特点反映在文字表述上，就是简洁精练，汉字使用者省时、省力、省印刷材料。联合国的档案馆中，同一种文件印刷装订成册，汉字版的永远是最薄的一本。把它读完，也是用时最少的。二、汉字表现功能强大。汉字用一字多音和一音多字的手段，把自己的表现功能延展到极致。三、汉字有极强的包容性。汉字的读音，因时代的演化而生异，因地域的不同而有别。汉字面对时间和空间上的变化给自己带来的冲击，均能一一化解，对字形和字音上的演变均能承受和包容。汉字的包容性使它为维系中华民族的团结和中华民族文化的稳定与完整立下了不朽的功勋。四、汉字有极强的再生性。层出不穷的新生事物和新的理念，常常需要创造新字或者新词。实践表明，利用人们十分习惯的造字法，总能及时推出新字或者新词，这些新字由于符合汉字和汉语词汇的构成规律，所以识读方便，能够很快为大众所接受。五、汉字具有独特的形式美。汉字的结构是平衡、稳定、和谐的，符合中国人的审美习惯。汉字的书法艺术，博大精深，也是其他文字所没有的。

汉字的部首有多少种？

你能不能迅速地确定一个生字的部首，并很快地在字典上查到它？

汉字的部首太重要了。西文的零部件是字母，汉字的零部件就是偏旁部首。偏旁是造字法的概念，部首是检字法的概念。既然是检索汉字，就用部首。你熟悉了汉字的部首的规律，就能举一反三，得心应手地查阅字典，进而掌握汉字的一般规律。否则，简直是寸步难行。你可能说，我不懂部首不要紧，我可以用汉语拼音的音序查字。但是，这只能帮你找到会读不会写的字，一旦碰到一个生字，不知道读音，你就傻眼了，无法在工具书上查找。

汉字到底有多少个部首呢？我先说一个数目，你不要吃惊：东汉的许慎所著的《说文解字》中，有540个部！清代的《康熙字典》就精减了不少，剩下214部。民国时期的《中华大字典》《辞源》《辞海》，都沿用了《康熙字典》的214部。1953年编纂的《新华字典》把原来的部首进一步整合，减少到189部。后来编纂的《现代汉语词典》也采用了《新华字典》的189部，后改为201部。《汉语大字典》和《汉语大词典》在立部上，以《康熙字典》的214部为基础，删去8部，合并了6部，实有200部。

从上面可以得知，汉字部首这么重要的事情，到现在也没有统一。汉字部首法的规范化和标准化之类的基本问题都没有成功解决，在一定程度上反映了汉字研究工作的进展是十分有限的。

该讨论一下如何通过部首来查字典了。汉字虽多，但构成都有较强的规律性。掌握了规律，确定部首就容易了。

第一条，汉字形声字占了绝大多数。一个字的形符（也就是意符），通常就是它的部首。譬如说，江河、性情、打拼和松柏的左偏旁，鸥鹋、颠顶、邯郸的右偏旁，一眼就能看出来，肯定是部首。如果一个字的某个偏旁明显地跟此字声韵相近，那多半是声符，立马放弃它，另找部首。譬如说，"隗"字，左耳刀不可能是声符，"鬼"字与"隗"字是同韵，很可能是声符，那么左耳刀肯定是部首。仅此一条，就能解决大部分汉字的部首问题。第二条，一个字似乎好几个偏旁都可作为部首，又没有十足的把握排除声符，这时候就有个取舍问题了。汉字的部首，多数在左边、上头和外面。其他位置的部首相对较少。所以，上下结构的，取上，如笋、等、安、寒；左右结构的，取左，如肥、短、轧、蛙；内外结构的，取外，如图、闻等；一个字的零部件，有零碎的和完整的，取整。如坐、爽，取中间完整部分，也就是"土"和"大"；全都是零碎的，取左上角，如疑，取"匕"。有些字典还把多部首的字安排进不同的部首中，你找哪一个部首，都能查到。第三条，独体字取整体，部首不明取起笔。实在确定不了部首的字，有的字典还设有"难检字笔画索引"，可以按字的笔画数从中查找。以上所述，差不多能解决绝大部分问题。当然，实际操作起来你会发现，有些字的部首的确定还是叫人摸不着头脑，这就和古汉语水平有关了。你对汉字发展的历史沿革有了点了解，对字形和结构变化的来龙去脉就能把握住，这肯定有助于你对付生字的查找。

你能说出几种最著名的汉字工具书？

作为一个普通人，不搞文字研究，甚至不搞文字工作，古代字书你能说出《说文解字》和《康熙字典》两种，也就可以了。民国时期的《中华大字典》《辞源》《辞海》应该知道。至于眼下常用的汉字工具书，当首推《新华字典》和《现代汉语词典》。我是主张每个有点文化的人案头都备有这两本工具书的，随时使用。现在可以把常用的字典存到智能手机里，用起来更方便。

还有一部重要的工具书应该介绍一下，这就是《古汉语常用字字典》。此书是在大语言学家王力先生主编的《古代汉语》常用字的基础上编写的，在语文界享有盛誉，也受到广大读者的欢迎。有人说，我不研究古汉语，用不着这东西。这种认识会束缚自己的进步，遮蔽自己的眼界。以我个人的经验而论，古汉语和现代汉语的传承关系是树根和树干、枝叶的关系，哪个人能真正离开古汉语？你可能在一个公共场合读一个讲稿，一个成语弄错了，就把事情搞砸了。你可能要查字典，如果有点古汉语知识，很快就能确定部首，反之，就会多浪费一些时间和精力。所以，你有没有一点古汉语的底子，工作效率和生活质量是不一样的，人生之路的宽窄也就有了差别。

汉字的基础知识，上面谈的也只能是个皮毛，如果深入这座宝山，你会发现一个瑰丽无比的新世界。

海南地名中的"抱"和"什"

到过海南的朋友都会记得，海南的一些地名是看不懂的，也就是说，按汉字既有的意思解释不了。其实，知道了这是一个少数民族聚居的地方，也就不会感到奇怪了。海南最早的居民可能是黎族同胞，后来又有壮族和汉族人陆续迁入。不少地方是用黎族话或者壮族话命名的。后来，人们用汉字把这个地名的语音描述出来，虽说使用的是汉字，其实读音和意思还是原来的黎族话或者壮族话。不懂黎族话或者壮族话的人自然是无法做到"望文生义"了。

其实，从汉字入手理解非汉人留下的地名的蒙圈，非独在海南，在其他地方也经常碰到。譬如说，许多地方都能见到以"无"打头的地名，无锡、无湖（已经改为芜湖）、无终（天津蓟县）、无阳（湖南芷江北）、无盐（山东汶上北），等等。这种地名如果彻底看不出意思来，反倒好了，怕就怕好像有点意思，好事者就此又制造新的麻烦。像无锡、无盐，就让人很困惑，一个地方没有的东西很多，没有锡、不产盐的地方太多了，都没有叫无锡、无盐。于是又有人出来，说无锡这地方原来有锡，挖光了，改成无锡了。这就难免越弄越乱。其实,像无、余(余姚、余杭)、句(gōu)(句容、句乘)、姑(姑苏、姑蔑)等地名用字,都是古越语的遗存,含义已不可考。但根据这些地名的"齐头式"特点分析,也很可能类似海南黎族的地名,中心词居前,限制词在后。比方说,前头的"无"啊,"余"啊,是"村"或者"乡"之类的通用名,后面才是专用名。无锡可能就是锡村或者西村了吧。

偶然读到一位叫周伟民的先生的文章,把我对海南地名中的困惑解决了一大半。黎话地名中的"保、抱、报、布、包、宝、番"等字,都是同一个音 bao,只不过描述这个音的汉字不同而已。bao 这个音是村落的意思,海南岛带"抱"字音的地名有 300 多个,几乎各市县都有分布,如乐东有抱田、抱界,三亚有抱头、抱营,东方有宝上,文昌有抱锦、抱英、宝芬,临高有抱茂、抱河,昌江有保蛮,儋州有保牙,保亭有报什、报导等。因为黎族话跟汉语的语序不同,中心词放在前头,限制词放在后头,也就是说,相对于汉语来说,专名和通用名是倒置的。所以"头村、田村"不称为"头抱、田抱",反过来称为"抱头、抱田"。如果你以为这是一个动词"抱",那就死活也弄不明白了。

海南的地名中"什"字出现的频率极高,这个字有时候出现在前头,有时候出现在后头,不知何意。请教了几个当地老乡,都说没有什么意思,就是地名。当然不会没有意思,很可能年轻人对本民族的语言不大熟悉了吧。后来查阅了一些资料,懂得了"什"字描述的是黎族话的一个 za 音节,词汇意义是"田地"。五指山市原来叫通什,本义是"树下的田地","通"是树木,"什"似乎应该是主词,至于为什么在这里没有说成"什通",就不知道了。

外地到海南的人最大的困惑,是明明白白的一个 za 音,怎么就被写成了"什"?这也是纠缠了我多年的一个问题。我查了手边的《康熙字典》《汉语大字典》《古代汉语词典》《古汉语常用词词典》和《现代汉语词典》,"什"

字都没有 za 或者 zha 这样的音。又进一步查阅了一些资料才知道，原来粤语中的"什"有三个音：sam6（同甚，什么就是甚么）；sap6（同什）；zaap6（同杂，什锦）。既然粤语中"什"字可以读成"杂"，那么 tongza 两个音节用"通什"两个汉字来描述，也就是合乎逻辑的了。

粤语中"什"字的 za 音读法是怎么来的呢？"杂"字在古代写作"襍"，衣部，集声；后来出现了异体字"雜"，也是衣部，集声。有的学者认为，杂、什、集都是 -p 收尾的，在上古都是缉部，虽然发音部位不同，但是很靠近，这样读音也比较接近，合流是很容易的。

不妨这样想象：当时可能有一个讲粤语的汉人或者学了粤语的黎族人，把当时这个还比较荒凉的小村子用汉字写下来的时候，就用了"通什"两个字，于是这里就跟"通什"两个字联系到一块了。通什现在叫五指山市，但"什"字在海南的路牌上还是经常出现。有趣的是，常用的工具书中虽然找不到"什"字的 za 音，却不影响我在键盘上敲进"tongza"的时候，立马就蹦出来"通什"两个字。这也是很奇妙的事情。

有的学者说，通什一带早期居住的汉人多是闽南人，由此推断，闽南语中的"什"可能也有近似 za 的读音。我专门请教了身边的闽南人，得到的答案是：闽南话里"什"字没有读 za 的情况。通什一带当初居住的汉人是不是闽南人，无从考察，更何况一个地方的地名是谁起的，谁最先用汉字写出来的，都带有一定的偶然性，没有稳定的规律可循。菲律宾这个国名，很可能就不是菲律宾人自己起的。中国的澳门，除了中国人，全世界都称之为 macau，那就只好 macau 下去了。

海南地名中的"什"字的来龙去脉基本上厘清了，剩下来的一个实际问题，是路牌的注音如何处理，也就是路牌上的汉语拼音的统一化和标准化的问题。现在我们行驶在海南的公路或者马路上，能见到路牌上的汉字下面都有汉语拼音。我和两位深圳大学的教授一路走，一路关注，发现在"什"字下面注的拼音,有 shi,有 shen,唯独没有 za。给路牌搞注音的年轻人,肯定不是黎族人,他是按《新华字典》上的规定给"什"注音的,他不会认为自己搞错了。但所有熟悉海南地名的人都不会说他做得对,因为海南从来没有一个叫 tongshi 的地名,海南地名中的"什"没有一个是读 shi 的,也就是说,这个注音没有反映地名的真实读音。那么,路牌上把"什"注成 za 的音,是不是就没问题了呢?还是有问题。"统一化"的问题可能解决了,但"标准化"的问题没解决,因为在普通话中,"什"根本没有 za 这个音,你总不能说我是用粤语注的音吧?通什现在改为五指山市,避开了"什"字,但其他地名中的"什"也是回避不掉的,"什"字下面到底如何注音,还在等待着我们拿出一个解决的办法。

周伟民先生曾指出,原来海南的地名存在以下四个问题:1.海南话地名,只记音不记字,而海南方言又有文读音、白读音和训读音之分,因此单从字面上去理解某些方言地名往往音义皆失。例如:口盆号(吹号)、五潮水(牛流水)、松树(榕树)、文彬(南边)、大学(大约)、乘龙(乘铳)、三江(三哥)等。方言地名中有一些方言字:崛、圯、坑等有其独特的读音和含义。2.黎话、临高话、儋州话地名,用汉字音译,译法随意性极大。3.简化汉字代替繁体字后失去原义。4.因外来人士不通海南话而换了形、音、义。海南岛的某些地名,新中国成立后更换的幅度很大,跟原名相去较远。

看来,海南地名的整理工作任务还蛮艰巨的。

媳妇和老婆是不是一回事？

　　说个笑话。请你设想一个情景：一日，突然有人跑过来问你："你媳妇是谁的老婆？"这时候，想想你会有什么样的反应。一般说来，谁都会认为，此人"来者不善"，是没事找事的挑衅。可是许多南方人的反应并不一样。

　　不是开玩笑，对这个问题，南方人和北方人的理解还真的有不小的区别。我们所说的"南方人"，其实都是各个朝代战乱中逃到南方避祸的北方人的后裔。相比之下，南方要安定一些，语言的变化相对就少，保存的古汉语成分就多一些。北方经常有来自更北的少数民族的侵扰，甚至是占领，各种语言的融合就在所难免，北方汉语的变化就比较大。

　　把话扯回到"媳妇"上来。南方人心目中的"媳妇"这个词，是古义，意为儿子的妻子。"媳妇"，当然就是"息之妇"，也就是现在我们常说的"儿媳妇"。"息"就是儿子。我们引几句古籍来看看"息"的意思。《战国策》中《触龙说赵太后》一文中，触龙说："老臣贱息舒祺，最少，不肖。"意思是说，老臣我有个叫舒祺的儿子，最小。贱和不肖，都是谦辞，无非是说儿子"没出息"啦，"不是个东西"啦，等等，只不过是谦虚、客气，其实心里爱得不行。说女儿，也可以用"息"，称为"息女"。《汉书·高帝纪》上有吕雉的父亲要把女儿嫁给刘邦的话："臣有息女，愿为箕帚妾。"也说得很低调，说自己的女儿愿意献给你，做个扫地抹灰的女仆。称子为"息"，一直到南朝还挺普遍，史书上就有把自己的第几个儿子称为第几"息"。"息"在古文中有一个意思，是"滋生、增长"（医学上有所谓的"息肉"），有时特指人和动物的繁殖，进而引申为"子女"。其实，直到现在，客家话和吴语中仍有"息子"的说法。据说日语中也有"息子"的说法。

"息"既然是儿子和女儿的意思，"息妇"当然是"儿媳妇"无疑。至于"息"字又被加上"女"旁变成了"媳"，是后来的人们已经淡忘了"息"字的本来意思，觉得它和"妇"常常黏合在一处，差不多成了一个复合词。出于习惯和方便，将它与"妇"同等待遇，也加上了"女"旁，遂成一词。从此，它跟"儿子"的意思就没有太大关系了，以至于说到儿子的妻子时，必须叠床架屋，前头还要再加一个"儿"，说成"儿媳妇"才行。而"媳"字自从带了"女"字旁，也就改换了门庭，增长了本事，甚至可以摆脱开"妇"字，单独跟"儿"字结合，组成"儿媳"一词。这时候的"媳"，已经独当一面，就是"媳妇"的意思了，谁能想到当初的身份呢？事到如今，你还硬说"儿媳"中的两个字都是儿子的意思，没有女人什么事儿，就属于胶柱鼓瑟了。

"媳妇"这个词掰扯到这里，才大致有了点儿头绪。南方人至今多半还固守着"媳妇"的原义，认为是儿子的妻子，北方人大多把它视为"老婆"的同义词，"我媳妇儿""他媳妇儿""儿媳妇"，都可以说，不仅可以儿化，甚至还能"子化"，我就听人说过"媳妇子"如何如何。

读了周振鹤先生的《逸言殊语》，才知道"新妇"和"媳妇"之间还有些扯不断拉不断的关系，甚是有趣。据周先生介绍，在吴方言和闽方言中，"媳妇"和"新妇"的发音是很相近的。刚刚娶进家门的新媳妇，自然是可以称之为"新妇"的。我们现在把刚结婚的新人叫"新郎""新娘"。日本人至今还在叫"新郎""新妇",还是唐代的叫法。奇怪的是,媳妇娶了多年,其实已经"旧"了,但行文用词还是"新妇",令人费解。唐朝的墓志铭有这样的句子:"长琼(人名——作者注)娶新妇琅耶王氏。"唐中和二年(882)的一方墓志上说,墓主有子四人,新妇二人。说的是四个儿子,两个娶了亲,还有两个没娶亲。还有一个例子,是汉乐府的《孔雀东南飞》。诗中有云:"新妇初来时,小姑始扶床。"这已经是女主人公刘兰芝被婆母赶走前跟小姑作别时说的话了,是自称。如果说,刘兰芝的话可以理解为"我当初作为新媳妇刚进你们家门的时候……",还解释得通的话,前头两个例子中的"新妇",显然不能理解为新娘,执笔者也是在"妻子"的意义上使用这个词的。

在行文结束的时候,我又翻阅了一下商务印书馆出版的《古代汉语词典》第二版。在"新妇"的词条下,有三个义项:一、新娘;二、称儿媳;三、妇人自称。在第三个义项下面,举的正是"新妇初来时,小姑始扶床"的例句。

"中医医院"和"俄语语言文学系"

北京宽街道南，有一座很出名的医院，牌子上写的是"北京中医医院"。门诊楼的顶端，也有这几个大字矗立在那里。估计是什么名人的题字。我还很纳闷，前一阵子北京大拆各种建筑物上的标牌和广告，这几个字怎么还能幸存下来。

我之所以十分留心中医院的牌子，是因为每次经过的时候，都有一种编辑职业病所导致的修改的冲动。为什么要改呢？因为啰唆。"北京"两个字没有毛病，事关医院的规格，不能动。"中医医院"就有一种叠床架屋的感觉。如果用英文表达，hospital of traditional Chinese medicine，中医和医院都是不同的词或者词组，没有"医"字重复两次的情况发生，因此也就根本不存在重复的问题。可一旦用汉语表达，用汉字写出来，就别扭了。事实上，我的印象中，中国的大部分中医院，名称就叫"中医院"，叫"中医医院"的似乎是少数。由于手头没有相关资料，就不妄议了。

与"中医医院"类似的，我想起来周振鹤先生在《逸言殊语》中提到的"俄语语言文学系"。北京大学的俄语系，全称就是"俄语语言文学系"。周振鹤先生说："'俄语文学'还说得通，但'俄语语言'却显然犯重。"周先生认为，俄语系的全称，还是叫"俄罗斯（或俄国）语言文学系"妥当。

周先生是一个思维很周密的人。他说把"语言文学系"冠以国名，多数情况下没有问题，譬如"英国语言文学系""德国语言文学系""法国语言文学系"，等等，但一旦放到美国身上，就行不通了。总不能说"美国语言文学系"吧？尽管你可以说有"美式英语"，但把"美语"从"英语"中分离出去，怕还是不行。好在美国问题属于个案，可以另案处理。

何时觉得重复应该紧缩、减省，何时又不觉得重复，不能减省，仔细想来，还是个约定俗成的用语习惯问题。"中医医院"觉得重复，认为应该改为"中医院"，可"中医医生"和"中医医术"就不能改为"中医生"和"中医术"。"汉字字库"可以说成"汉字库"，而"汉字字体"说成"汉字体"却肯定使不得。

生活中接触到的类似语词，不能说很少，到底哪些是应该减省、不能通融的，哪些是繁简两可的，还真的不能拿出一个标准来。看来还是要从约定俗成的习惯出发，以表达清晰、使用方便为尺度予以权衡。语言是在交际实践中产生的，出现的问题也只能在实践中考察，在实践中调适。

字里乾坤

"本书"如何如何：一个常见的初级错误

报刊上常能读到一些书评，书评中常能见到"本书"如何如何，当然多半是某一本书如何值得一看的推介用语。这里的"本书"，显然是"该书""此书"之误。

什么时候可以使用"本书"这个说法？应该说条件是相当苛刻的，那就是：作者在自己特定的一本书的行文中提到"这书自身"的时候。作者一般是在这本书的某个章节的论述或凡例中涉及全书时，使用"本书"这种字眼。

作者在自序和自写的后记中如何指称这本书呢？一般地说，用"该书""此书""这本书"较为适宜。道理很简单，面对书的正文而言，自己写的序言和后记之类，都是站在书外来议论这本书的，所以严格说来不属于这本书的内容，尽管是自己的孩子，也还是议论"这个孩子"，而不是"本人"。少数作者在自序中用了"本书"，也算不得什么大的毛病，勉强说得过去，因为毕竟书是他自己写的。序言也可以说是书的一个部分。

为了找到一个例子，我随便从案头拽过来一本周国平先生的《岁月与性情》，翻到序言部分，见到了这样的话："在这本书中，我试图站在一种既关切又超脱的立场上来看自己……"周国平是对的，他用的是"这本书"。

作为作者之外的评家或者其他人，就更不能随意使用"本书"这个说法了。第一，你不是作者；第二，你没有机会也没有资格跑到这本书里议论这本书。因此，在报刊上的书评中，你不能使用"本书"的字样。那么，你的序言印到了这本书的前面，能不能用"本书"的说法呢？也不能，你和"本书"不允许混为一谈，不管你的序言摆在书的哪个显要位置，你仍是站在这本书外面做点议论。

类似的错误也常常出现在报刊上的一些署名文章中。一些作者在报刊上发表文章，明明是个人的身份，却偏要谬托知己，打出"本报"或者"本刊"的旗号来。而这样明显的错误，有关的报纸和刊物居然没有发现，总是堂而皇之地被刊登出来。说这种做法侵权，未免把事情说得太严重了，毕竟这种作者也没有什么侵权故意，但除了报刊的主办者以报刊的身份发布言论或者消息时可以使用"本报""本刊"的说法外，局外人是不宜打这种旗号随意挤进去瞎掺和的。即便是报刊内部的编辑、记者，如果不是经过授权，也没有资格和权力以"本刊""本报"的口吻发表意见。

"穿帮" 与 "穿煲"

　　"穿帮"，是文艺界经常使用的一个词，多用来表示影视作品中由于工作疏忽或者历史知识缺乏而显露出来的破绽。比如，唐朝的杨贵妃擦眼泪的时候，腕子上忽然露出了一块手表；三国戏中的刘关张正在研究工作，而他们面前摆的果盘中出现了苹果；一个姑娘本来是穿了一件红衣服出场的，一转身的工夫，她的衣服变成绿的了。杨贵妃的问题是演员不够敬业，事先没有把手表收好；姑娘的衣服多变，是场记的失误，因为戏是一段一段拍的，哪个场景穿了哪件衣服，谁也记不住，场记如果再记得不准确，当然只能"穿帮"。唯独张飞和关羽吃苹果的毛病不大容易发现，因为编剧、导演和剧务知道三国时代没有苹果这种历史知识的不多。

　　听了多年的"穿帮"，却一直没想明白它的构词法是怎么回事。"穿帮"怎么就是"露馅"？"帮"是什么东西？干吗要"穿帮"？问了几个人，都不得要领。查查词典，《现代汉语词典》倒是收入了"穿帮"，但也只是指出，是个方言词，意为"漏出破绽或者被揭穿"。后来，一个偶然的机会发现，广东话的"穿煲"恐怕跟"穿帮"有点关系。广东人把锅壁比较陡直的锅叫作"煲",什么"瓦煲"啦,"沙煲"啦,"电饭煲"啦,都是北方人没有的说法。他们还把"煲"给动词化了,打电话时间太长,叫作"煲电话粥"。我们找到了"穿煲",也就顺顺当当地延伸到了"露馅"了。你想,把"煲"都烧穿了,那锅里的食物还能不漏么?只是不知什么原因,这"穿煲"传到北方,"煲"竟然变成了"帮"。

后来留心香港和广州的媒体,原来人家一直就是在用"穿煲"这个词来表示露馅:《撞车当断臂敲诈当场"穿煲"》,《充阔追女仔穿煲》,《一女嫁两夫穿煲挨打》,等等,这不到处是"穿煲"嘛,还得怪自己孤陋寡闻哪。仔细比较一下会发现,粤语区的人用的"穿煲",适用范围很广,只要是"露馅"的地方,都可以用"穿煲";而北方的"穿帮",我们除了在影视剧的演出、拍摄、制作方面用一用外,别的地方并不常见。

这篇文章写完后,曾请教一位学长。学长认为,"穿帮"可能源于吴语。至于"穿"的是什么"帮",是"鞋帮"还是"船帮",还是别的什么"帮",为什么穿帮就是露馅,就不知道了。看来,学无止境,我们还得继续请教下去。

"服法"被频繁地写成"伏法"

近日央视 4 频道播放了电视连续剧《老娘泪》。这个电视剧，本子好，演得也好。我看，扮演老娘的演员有资格得到较高的奖项。看罢这个电视剧，在十分过瘾的同时，也有一点小小的遗憾，那就是像其他电视剧一样，字幕上总是有错字出现。《老娘泪》字幕上的错字不算太多，但一个"认罪服法"总是被写成"认罪伏法"，甚至在同一集里多次出现，这就有点煞风景。程雨来经济犯罪情节严重，在老娘的苦苦劝导下，决定向公安部门投案自首。他反复表示，自己要"认罪服法"，字幕上就反复地打出"认罪伏法"的字样来，令人哭笑不得。记得这个错误被有的专家纠正过，鉴于现在许多传媒上还频频地写成"认罪伏法"，所以有必要再强调一遍。

伏，有倒下、趴下的意思。常见有"（庄稼）倒伏""伏案（工作）"这样的词语用法。"伏法"也就是"伏于法"，说白了，就是"倒在法律惩处的枪口（或者刀刃）之下"。报纸上如果说了某某罪犯于某年月日已经"伏法"，那就是被执行死刑了。《老娘泪》中的程雨来，说的意思是"认罪服法"，也就是承认自己所犯下的罪行，服从法律的裁决和惩处。而一旦写成了"认罪伏法"，句子就不通了，意思也走了样。

　　先说不通。"认罪"是个主动的行为，而"伏法"则是一个被动的行为，是"伏于法"，也就是"倒在法律的枪口下"。这两个动作不能混同起来。再说意思上的走样。对一个犯罪嫌疑人，认罪是可以的，但"伏法"就不是自己主观上可以作出表示的事情了。到底"伏法"不"伏法"，还是司法部门说了算。况且，"伏法"多半是一个"过去完成时"的描述，一个不知道自己该承受什么样法律惩罚的罪犯（多半似乎还不是死罪），喋喋不休地表示自己要"伏法"，也于理不通。

"各地"不等于"任何一个地方"

2007 年 3 月 10 日的《参考消息》报道，3 月 9 日的《中国时报》上刊登了台湾购买"反斩首"防爆车的消息。消息说，台湾陆军航特部首度公开了造价高达 2000 万新台币的元首级反劫持防爆车。因为花钱不菲，台湾只购买了两部，现在配属在台南特战基地。报纸说："不过一旦有紧急状况，特战部队将可立即用运输直升机在两小时内将防爆车空运至全台各地用于维护高层安全。"

报纸的意思是说，虽然防爆车只有两辆，但空运比较方便，可以随时运往需要的地方。然而，在这里它使用了"各地"而不是"任何一个地方"，显然是出现了一个小小的语病。"各地"一词，是"各个地方"，用英语说，差不多就是 everywhere，是个"实指"。说可以运到"各地"，在"共时"状态下，"各地"的每一个地方都要照顾到的，都要见到这两辆车。如果说"今天台湾各地都下了雨"，那就是说，随便举出台湾的一个地方，今天都见到了雨水。消息说，可以在两小时内把防爆车运至全台各地，那么，两辆是远远不够的，恐怕上百辆也满足不了这个要求。如果报纸上说的是"运至全台任何一个地方"（anywhere），就一点毛病也没有了。因为"任何一个地方"虽然也反映了"各地"的意思，却是由虚指的许多个"点"组成的"面"。重要的是，它既反映了能到达"所有的地方"，又强调了实际上却只是"任何一个点"，而非像"各地"这样实指的"一大片"。这样表述，无论是在语法上还是在语义上都比较准确了。

许多年以前，报刊上曾经讨论过与此有点类似的问题，那就是"上级指向哪里，我们就打到哪里"。有人一度主张后一个"哪里"改成"那里"，变成了"上级指向哪里，我们就打到那里"。这也是把"虚指"句式的后半段给"实化"了。持这种主张的人大概忘了，"指哪儿打哪儿""说到哪儿办到哪儿"是一种固定的表述习惯，不是谁想改动就可以改动的。顺便说一下，这种错误北方人不大容易犯，因为句子中的两个"哪"都是上声，半路上忽然变成了去声的"那"，大家都会感到不舒服。

"花拳绣腿"是中国文化么？

  2007 年 2 月 8 日的《环球时报》上，有一篇题为《推广中国文化，不能操之过急》的文章。文章的立意不错，但论述中的一些语病降低了文章的水准，这不能不说是一个小小的遗憾，而这个遗憾，并不是不能避免的。

  文章中有这样一个句子："中国文化不仅仅只有剪纸、方块字、花拳绣腿、唐装汉服，更应该包括中华文明能够绵延数千年不断的进程中所蕴藏的生命力以及现代中国蒸蒸日上的活力。"

  先说一个简单的错误。"花拳绣腿"的使用显然属于用词不当。剪纸、汉字和中国服饰属于中国文化没有什么争议，"花拳绣腿"也列入中国文化，估计没有人会同意。作者本意也许是说"武术"或者称为外国人习惯用的"中国功夫"，可功夫怎么能用"花拳绣腿"来代替呢？尽管"花拳绣腿"中有"拳"有"腿"，但跟中国武术毫无关系，在词义上跟"花架子""假招子""表面文章"相近。我们可以邀请少林寺的武僧表演一套中国武术，但不能请他们来一套"花拳绣腿"。如果提出这样的要求，他们一定会抗议的。我们纳闷的是，这样一个明显贬义的词，怎么会当成褒义的词正面使用，还堂而皇之地列入了中国文化。

如果说上面贬词褒用的错误还比较小的话，这个句子后半句的错误就大了一点，大到你知道它有一堆毛病，却不可能马上就说清楚的地步。

先说逻辑分类上的问题。在上半句中，作者罗列的中国文化的内容中，有剪纸、方块字、中国服饰和武术（也就是作者说的"花拳绣腿"），这种罗列其实已经在种属关系上跳荡得十分厉害，严重地超越了中国文化范畴表述的逻辑和条理的规范，但因为毕竟还没有超出中国文化大的范畴，所以还处于可以容忍之列。下半句中，竟然把某种"生命力"和"活力"也列入了中国文化，同剪纸、汉字、武术、中国服饰并列起来，就有点匪夷所思了。前面的若干项，都十分具象，都是看得见、摸得着的，后面突然地出来了一个"生命力"和"活力"，就显得有些不伦不类。而且"生命力"和"活力"同上面的剪纸和汉字在意义层面上相去何止十万八千里！它们之间要穿越多少种属的樊篱才能聚到一起？况且，"生命力"和"活力"能否进入"文化"这个大概念恐怕也还需要很艰苦的论证。中国文化中不是没有抽象的东西，在系统概括中国文化时，主要方面的内容都是抽象的，如中国哲学、中国医学、中国天文学等等，但这里肯定没有"生命力"和"活力"的位置。中华文明的生命力和活力是重要的，也是有必要研究的，但并不是一定要列入中国文化，才显出重要。

其次，再说说后半句叠床架屋的冗赘之病。如果我们理解得不错的话，这个完整的句子的意思应该是这样的："我们不仅要介绍剪纸、汉字、武术、服饰等方面的中国文化的具体内容，更应该展现使中华文明得以数千年绵延不断的巨大生命力。""进程中"和"所蕴藏的"都可以减肥删除。"以及现代中国蒸蒸日上的活力"也应该放到另外的句子中另行表述，不必把所有的意思都堆到一个句子里。

这篇文章在说理上也有不严谨之处。比方说，作者认为，"如果文化缺乏内涵，过多依赖推广能力，很可能无法真正深入人心并获得持久的共鸣和影响"，可后面又引述欧洲文化人的观点说，"美国文化缺乏底蕴，充满商业气息，它会慢慢地吞噬欧洲文化"。转了一个大圈子，最后的结论还是"缺乏内涵"的美国文化的全球扩张很管用，很有效果，不仅是深入人心、获得持久的共鸣和影响，简直要吞噬掉欧洲文化了。这差不多已经完全推翻了自己前面的见解。

这篇文章还有其他一些问题，限于篇幅，不再赘述。看起来，一个很好的立意，如果没有一个规范的表述，还是容易功亏一篑。语言的基本功岂可掉以轻心！

"可吸入颗粒物"到底可吸不可吸？

前些年，开始从天气预报中听到了"可吸入颗粒物"这样一个新词语。随着科技的发展，天气预报的工作也越来越精细，预报者常常把关乎空气质量的多种因素指标一一陈列出来。这些指标中有二氧化硫、一氧化碳、臭氧、一氧化氮和可吸入颗粒物等项目的含量变化。

"可吸入颗粒物"一词，当初乍一接触，总觉得不大顺耳，如今连续听了几年了，这个词已经正式"登堂入室"了，感觉还是不顺耳。

为什么说"登堂入室"了呢？这词儿刚出现的时候，估计是从发达国家的气象学里学来的。刚翻译过来的时候，大家还不大适应，在2002年的《现代汉语词典》的第三版增补本里，"可吸入颗粒物"还处于一种"候补"的地位，被列在附录中。到了2005年的第五版，它就被转正了，被正式列入了词典的正文，释文没有什么变化，还是"飘浮在空气中的可被人吸入呼吸器官的极微小颗粒"。

我为什么始终对这个新来的词语有点不适应呢？恐怕是由于"可"字引起的歧义使得这个词语的"所指"和"能指"出现了严重的错位。"可"字的最重要的义项至少有以下三个：1. 作为动词，表示同意、许可；2. 作为助动词，表示可以、能够，如可大可小、可再生能源；3. 作为助动词，表示值得。可爱、可亲、可读、可取、可圈可点。对"可"字的这种习惯性认知，会使我们对"可吸入颗粒物"产生一种误读，似乎同时存在两种颗粒物，一种是"不可吸入"的，一种是"可以吸入"的。就像说某个东西"可用""不可用""可吃""不可吃"一样。既然是判定了"可以吸入"，想必是经过科学的检验，是无毒无害的东西啦，没准儿还是有益的呢。这种理解显然同这个词语既有的意思满拧。我敢说，这样理解这个词的，绝不会是我一个。

那么，我们为什么不在一开始就避免出现这样的歧义呢？用"能吸入的颗粒物"行不行？我认为可以，起码比用"可"要强。英语解释这个词条用的是"inhalable"和"can be inhaled"，也都是"能吸入""能够被吸入"，我们为什么偏偏要用一个"可"字，以致造成不必要的歧义纠缠呢？

美国《基督教科学箴言报》2007 年 7 月 27 日的文章，题为《密切关注浮质》。文中的"浮质"，指的就是这些"飘浮在地球大气层中的微小颗粒物"，我看用"浮质"这个词也不错，比"可吸入颗粒物"好得多。

"可吸入颗粒物"这个概念，已经被我们"吸入"多年了，改也难，我们恐怕也就得将就着用了。只是作为教训，类似的翻译和规范工作应该更为慎重一些，在敲定之前多找几个人商量商量才是。

"令人堪忧"还真有点堪忧

某次央视"海峡两岸"节目中，主持人又有了"台湾高速铁路修筑中出现了一些令人堪忧的问题"这样的说法。看来，"令人堪忧"这个错误组合的生命力还是相当顽强的，尽管有这么多的语文教师、报刊编辑和语言专家的围追堵截，却还是我行我素，到处游荡。

有人做过统计，在用谷歌进行网页搜索时，"令人忧虑"出现 297000 次，"堪忧"出现 300000 次，"令人堪忧"出现 158000 次。《人民日报》1995—2004 年期间的统计显示，"令人担忧"722 次，"堪忧"247 次，"令人堪忧"59 次。一个差不多公认的错误用语，以这么高的频率活跃在媒体上，确实是件值得研究的事情。

我还可以提供一个佐证，我写文章用的是周志农的自然码，在敲进"令人堪忧"四个字的字音时，这四个字是作为固定词组轻松地跳上屏幕的。这足以证明，编码者已经看到了"令人堪忧"可观的使用频率，予以认可。编码者考虑的，首先是词组在媒体上出现的频率，而不是它有没有语病。

那么，"令人堪忧"能不能因为使用的人众多，连权威媒体都一年出现6次，就逐渐合理合法了呢？不能。道理尽管在《咬文嚼字》杂志2001年和2005年的两次讨论中讲得很清楚了，还是不得不再重复一下。

"令人堪忧"会被人们屡屡误用，要害是对"堪"字的意思不甚清楚。如果了解了"堪"字在这里不仅不是可有可无，而且是最要紧的一个字，这个错误是不会出现的。"堪"字是个文言字，主要用法有二：一是作动词，意为"能忍受、能承受、能受得了"（如"难堪"），后面往往要带一个名词性成分作宾语（如"不堪重负"）；二是作为助动词，意为"可、能、值得"，后面带的是动词性成分，如"苦不堪言""不堪回首"等。"堪忧"中的"堪"是第二种情况，意思是"值得"（忧虑）。而"令人堪忧"则是一种错误的杂糅。"堪忧"中，已经暗含着忧虑的人了。也就是说，"堪忧"可以理解成"值得人们忧虑"。如果"堪忧"的前面又加上了"令人"，这就出现了两伙人马。更重要的是，加了"令人"，显然就是无视"堪"字的存在，把"堪忧"当成"忧虑"来理解了。这无论如何是讲不通的。如果你是想说某个问题令人忧虑，就说"令人忧虑"或者"令人担忧"，也可以单说"堪忧"，就是不要生硬地组合成"令人堪忧"。

"堪忧"跟"可爱"的结构、功能都很相像。"可爱"就是"值得（人们）去爱"。"令人可爱"的说法，就是无视"可"字的存在，把"值得（人们去爱）"和"致使（人们去爱）"叠加在一起表述了。

在讨论的诸多声音中，有一种声音十分奇怪：他们承认"令人堪忧"在语法上不通，但是却主张，既然已经有那么多人都接受了它，就不必非要判它"死刑"了。语文方面的谬误，跟社会上的杀人放火、盗窃抢劫确实不同，不仅仅是对人的危害程度不同，还真的存在不少"积非成是"的情况，就是说，使用的人多了，社会便向不通的词语让了步，不通的也变得通了，不合法的也变得合法了，就像"凯旋归来""打扫卫生"之类的命运那样。那么，我们能不能因为这种现象的存在，便放弃了语文规范化的努力呢？显然不能。什么活动都有自己的游戏规则，放弃了对规则的严守，一切就都乱了套。这样，受害的是全社会，包括我们自己。

"生前"怎么就等于"死前"了呢？

人死了，要开个追悼会。这时候会赶来一些生前友好。正是这个"生前友好"的"生前"，叫许多人困惑不解。

"生前"的"生"，我们并不陌生，可以是"出生"，也可以是"活着"。按照字面理解，"生前"应该是某个人"出生以前"。而出生以前显然不可能有什么"友好"的。不管是谁，都知道"生前"的意思并不是"出生以前"。词典上对"生前"的解释是"死者还活着的时候"。"生前"就是"死前"，"生前友好"也就是"死前友好"，只是没有这么说的。"生"和"死"在这里莫名其妙地画上等号了，你说邪门不邪门？

这似乎有点像"中国队大胜美国队"和"中国队大败美国队"中的"胜"和"败"。当然，仔细推敲起来，两者完全不同。"大败"中的"败"，用的是古汉语留下来的"使动用法"，于是同"大胜"便殊途而同归，表达了同样的意思。

又有人说，这就像"救火"，也是不通，不过大家说惯了，也就通了。"生前"和"救火"也不一样，"救火"其实是呼救和报警（火讯）在急不择言的情况下临时组合的一个词组。多次使用遂成定型之态。文字工作者又从古汉语词典中找到了"救"原本就有"止"的义项，于是"救火"的"救"就更加理直气壮了。如果人们能从"生"这个字的解释中发现"死"的义项，这事儿也就迎刃而解。可惜，查遍了"生"字的二十来个义项，怎么也找不到同"死"相类的解释。此路不通，我们只能另想办法。

在百思不得其解的时候，我想起了东北话。在东北话里，"活着前儿""没结婚前儿""没上学前儿"都是常常使用的时段表示法，表示"活着的时候（也就是生前）""没结婚的时候""没上学的时候"。在这里，"前儿"就是"……的时候"，与表示方位的"前后"的"前"的意思已经不相干了。这个"前"不是在某个坐标的前头，而是"当时"的一段时间。"没结婚前儿"就是没结婚的时候，"结婚前儿"就是结婚的时候。"生前儿"或者"活着前儿"在东北话中，很容易理解，就是活着的时候。看来，"前"字的意义弄清楚了，"生前"的难题也就迎刃而解了。

为什么"前"字儿化以后在东北话中就变成了"时候"的意思，这个意思为什么又能以"生前"的形式轻易地进入了现代汉语的书面词汇，这就需要语言学家来回答了。但是东北这个语言现象，恐怕是解决"生前"这个问题的唯一好使的钥匙。

"授权"乎？ "受权"乎？

一日，见电视上出现了一行字幕："新华社授权发布……"我的眼睛一下子定格在"授权"两个字上。

新华社往哪里"授权"呢？往全国各个报刊、电视台和广播电台？在我的印象中，这些媒体跟新华社并没有从属性的关系，新华社似乎不能直接指挥这些媒体做什么事情。新华社可以发通稿供全国各大报刊选用，但这是一种工作联系，说不上"授权"给各报刊，决定让这些报刊刊登什么，不刊登什么。那么，正确的理解就应该是：新华社"接受"了党中央或者国家有关部门的指令，公布一个文件或者什么信息，也就是说"受权"发布。

这个"授受不分"的错误，属于比较初级的错误，应该是校对员解决的问题，本不值得拿出来讨论的。我的第一个猜测，是电视台打字幕的小姑娘文字水平不高所致。而电视字幕上的错字已经是家常便饭了。听说某家电视台对找出错字有不低的悬赏，我一直没有当真，因为如果挑出一个错字就算得到十块钱的话，每天坐在电视机前挑错字，肯定是衣食无忧。所以这个"授"字若是电视台的问题，就可以不予理会了。

为了慎重起见，我决定到网上查查，看到底是谁的错。真是不看不知道，一看吓一跳：网上的检索结果告诉我们，新华社多数时间就是使用的"授权"，只有少数时间用"受权"。例如，用"授权"的有："新华社授权发布《社会抚养费征收管理办法》""新华社授权播发《中国共产党章程》""新华社授权发布《关于印发节能减排综合性工作方案的通知》"等等。用"受权"的，有"新华社受权发布《现役军人和人民武装警察居民身份证申领发放办法》""新华社受权播发《护照法》"等等。谷歌给出了两个数据：新华社使用"授权"的条目为3750000项，使用"受权"的条目只有134000项。条目上的重复，二者都有，可以不予考虑。这样，错误的"授权"用法，是正确的"受权"用法的27倍多。

新华社一会儿使用"授权"，一会儿又使用"受权"，兴许确有一部分文件在发布时获得了"授权"的权力？如果"授权"是明显误用，为什么不想办法纠正一下？

"小针扎"到底是什么东西？

前些时候读到了学苑出版社出版的爱新觉罗瀛生先生所著的《老北京与满族》一书。书中对老北京和满族人的一些习俗介绍颇详，叫人很长见识。

然而，在对一段童谣的解释上，我发现了一点值得商榷之处，在这里展开说说，以求教于作者和对满族风俗有研究的专家。

这段童谣是这样的：

上轱辘台，下轱辘台，
张家妈妈倒茶来。
茶也香，酒也香，
十八个骆驼驮衣裳，
驮不动，叫马愕。
马愕马愕含口水，
喷了小姐的花裤腿。
小姐小姐你别恼，

明儿后儿车来到。

什么车，红轱辘轿车白马拉，

里头坐着俏人家。

瞧完亲家到我家，

我家没别的，

鞑子饽饽就奶茶，

烫你狗儿的小龅牙。

灰鼠皮袄银鼠褂，

对子荷包小针扎。

阿哥阿哥你上哪儿？

我到南边瞧亲家。

    我认为有问题的地方，就在倒数第三行"对子荷包小针扎"一句。满人喜欢在腰带上拴荷包，这是大家都知道的。作者把"小针扎"三个字解释为加工精细程度，就不对了。书中是这样写的：满族民间盛行刺绣，北京话说的"绣花"为"扎花"。荷包制作之精，主要在扎花的粗细。扎粗花用大针，要扎细花，就得用小针。"小针儿扎"是刺绣精细的表示。

    以我的东北生活经验来看，"小针扎儿"并不是用来解释"对子荷包"的加工方法和强调加工精细程度的，"小针扎儿"是和荷包并列的一个饰物。"针扎"的构词法，同"牙刷""衣挂""鞋拔子""口罩"是一样的。荷包里装的是平常使用的小物件或者香料（身上拴个香荷包，同西方人喷香水是一个作用），"针扎儿"里面装的是缝衣针。针扎儿比荷包体积要小一些，大约跟成人的食指长度相当，形状也是细长的，有点像花瓶，是扁平的，更像是一条小鱼。里面整整齐齐地塞满麻纤维，以便于把针"扎"在里面。这就是"针扎儿"这个词构成的缘由。针扎儿上面一个布做的套子，套子中间有孔，以便把针扎的系带穿过去，拴在衣服的扣襻上。"针扎儿"这个词是带有儿化韵的，这是一个不容置疑的名词性特征。

我们家族是清朝康熙年间从山东牟平移民到辽南的汉人，也许是长时间同满人杂居和通婚的关系，生活中也带有许多满人的习俗，譬如男人穿乌拉，小孩子睡"摇车子"，等等。女人佩戴针扎儿，也是一个标志。我小的时候，家族中的女性不管老少，鲜有例外，都在胸襟里面拴一个针扎儿。这个针扎儿随身带着，使用起来自然很方便。但仔细想来，主要还是作为时尚的装饰，因为女性做针线活儿，早已没有了放牧或者战争时代的流动生活方式，大多在家里炕上进行。针线笸箩里面工具齐全，也用不着针扎儿了。现在，时过境迁，时髦的东西，是手机或者钻戒之类，针扎儿早就过气了。难怪一般人都不大知道"针扎"为何物了。

"雄关漫道" 大行其道

　　电视上播了一个连续剧，剧名叫作《雄关漫道》，剧情是反映 70 年前红军长征的事情。这个题材，借用毛泽东的《娄山关》一词中的词组或者句子作为剧名，也是很对景的。只是借用前应该先弄懂才好，怎么能还不懂所引的东西为何物，就拿来做剧名呢？

　　"雄关漫道真如铁，而今迈步从头越"中的"漫道"，绝不是漫长的道路，如果理解为"漫长的道路"，这句话的意思就完全相反，下面的话也无法连接了。为什么说意义相反呢？你看，"雄关"和"漫道"都"真如铁"了，不是假如铁，是真如铁，那我们还能"迈步从头越"么？赶紧往回走吧。"漫道"的"道"，不是"道路"的"道"，也不是"道理"的"道"，是"说不清，道不明"的"道"，也就是"说"。"漫道"的"漫"，既不是漫长的漫，也不是漫画的漫，而差不多等于"莫"。

　　人们误以为"漫道"是"漫长的道路"，有一定的原因。"路漫漫其修远兮"是大家熟知的句子。"路"可以"漫漫"，"道"为什么就不可以"漫"它一下子？这里没有太多的道理好讲，纯粹就是个用语习惯。人家都不这么用，你用了就不规范。以后会不会有这个用法？不知道，但现在没有，尤其是在毛泽东的诗词里，这个"漫道"铁定是"慢"或"莫"的意思，这个意思也是"真如铁"，否则就讲不通了。这里的"漫道"，就是"不要说"的意思。《红楼梦》中有"漫言不肖皆荣出"，这里的"漫言"和《娄山关》里的"漫道"是一个意思，都是"不要说"。

"雄关漫道真如铁"这句词，不管有没有文化的国人，几乎没有不知道的，莫非都这样误读着么？这种误读使全句的意思"满拧"，以至于同下面的"而今迈步从头越"无法榫接，大家多年来也都这样将就着么？如果说这个电视剧的编剧不懂，导演不懂，可以理解。可还有那么多审片的专家学者，中央电视台不是也有不少高人么？怎么能就这么随便地把"雄关漫道"当成剧名，堂而皇之地播了出来呢？

从"零距离"到"零容忍"

　　语言有时候有点像时装，只要衣服上缝的是两只袖子，裤子分叉成为两条裤腿，其他次要部分，你想搞什么花样，搞就是了，长期没有花样，人们也觉得寡淡。所以，语言中许多新词的出现，是因为有了新的事物，而另一些新词的出现，就没有太多的道理好讲，就是人们想换一种说法，找一点新鲜感。"零距离"这种词在汉语中出现，恐怕就是洋为中用，在汉语中换换口味。

　　"零距离"这个词时髦起来恐怕没有几年。用的频率最高的一次，是一本出版物对一个女记者跟当时的外国足球教练米卢的关系的描述。当时米卢在中国足球队当教头，那可真的是炙手可热。他的新闻，一般人采访不出来，只有这个女记者出现才好使。某出版社脑瓜子灵活，发现了商机，立马搞出一本关于两个人"零距离"接触的书来，出版社和这个女记者可能都赚了不少钱。出版社打了一个擦边球：一个男人和一个女人"零距离"接触了，你就想象好了，谁也没有资格制止别人想象呀。于是，我们大家也都小有收获，认识了"零距离"这个词。这种词儿，属于逗你玩的一种：往外边绕了一个圈，又回来了。我们之间保持了一定距离的接触，这个距离是"零"，也就是说，没有距离。脱了裤子放个小屁，又把裤子穿上了。以后，为了强调距离之近，会不会出现"负距离"的提法，也值得期待，因为既然动用了"零"，当然可以引出一个坐标轴来，可以出现正数，为什么不可以出现负数？"负距离"当然比"零距离"靠得更凿实，已经进入了"你中有我、我中有你"的深刻状态，这当然比描写"亲密无间"的"零距离"更进了一步。顺便找补一句：这种状态仍然是供你随便想象，其情景可实可虚、可灵可肉，不宜死咬住某一种特殊状态不放。

其实，"零××"的说法，并不算多么新颖。"零距离"出现得稍晚一点，多年前我们在现代汉语课堂上就听到了"零声母"的概念。这个"零声母"就是非常准确的一个概念，我还想不出有什么比它更妥切的表述。"零××"的格式，不能一概否定，但处处都"零"起来，也没有太大的意思。

从目前来看，这种"零××"的构词法大有泛化、蔓延之势。近日在网上读了一篇北京交管部门整治交通秩序的文稿，其中有这样的句子："交管部门希望每个社会单位对本单位员工的交通违法行为保持'零容忍'，将这些严重违法行为消灭在上路之前。"瞧，这里又出现了一个"零容忍"。每个社会单位对本单位的员工的交通违法行为保持一种"容忍"，这种容忍有多大的量呢？是"零"，就是说，没有容忍，一点也不能容忍。本来用"毫不宽容"或者"绝不留情"也可以的，但不如"零容忍"有新意，尽管也有"毫不""绝不"的"零"的表现，但还是不够格。这类词儿，可能还会流行一阵子，使某些表述换换口味。譬如说，我没有房子住，这就比较老土，应该说成"我的住房是'零面积'"。我从来没有交过女朋友，就应该说成"我的恋爱经历是'零体验'"。我面试了七八次也没有找到工作，就应该说成是"我现在的就业状况是'零岗位'"，我一个大学也没考上，哪里比得上"零考取"好听呀。反正你只要不怕麻烦，咱们就"零"下去，谁怕谁呀。

到底谁才能使用"最"？

近几年，陆续有几家出版社出版了"年度最佳作品系列"之类的丛书，从销售的情况看，挺受读者欢迎。但还是有人对此提出了批评的意见。其中有一篇文章对"最佳"中的"最"字最不以为然，论述到后来，"最"字简直就没法儿轻易使用了，理由是"大凡标榜为'最'的东西，都是有点水分，有点靠不住，因为世界上称得上'最'的东西少而又少，同类中就只有一个"。这样一来，不仅"最佳"的书不能编了，连我们平时说话也不能不倍加小心，以免一不留神犯了滥用"最"字的错误。

我想了一下，觉得大可不必自寻烦恼，自设藩篱，把"最"字戒除。原因十分简单：谁也没有天真到把每一个"最"绝对化。用英文举例，英文中一旦使用了形容词的最高级，句子的后面总会有一个介词结构跟着，告诉你这个"最"只在这个范围里有效，谁也不会误会，把"最"的适用范围泛化开去。汉语何尝不是如此？大家每天都在说"最"，听话的人谁都知道交谈语境中的限制范围，所以也不会跟说话的人较真，问："你这个'最'是全国的，还是全世界的？调查过吗？公证了吗？有吉尼斯的证书吗？"

从逻辑上说，世界上每一同类事物，只能有一个"最"。但诉诸观察实践，想做绝对了也难。因为人的认识能力总是受到各种限制，你认为"甲物"是个"最"，是因为还没有见到"乙物"。以发现化学元素为例，"最轻"和"最重"的原子，也是随着人们对物质认识能力的增强而不断变化着的。现在的"最"，就敢说是最后的"最"了吗？也不敢。但这并不妨碍我们在上化学课时用肯定的语气告诉学生：氢的原子量最小。这肯定不算错，因为反映的是现在人类对化学的认识水平。奥运会上跑百米破了世界纪录的金牌得主，可以被称为"跑得最快的人"，哪怕在世界的哪个角落里有几个不屑于参赛的武林高手跑得比他还快，也没关系。

把话再扯回来。既然"最"在哪里都不那么绝对，都有一定的范围，都有时空的限制，干吗在编书上就格外苛刻起来了呢？论者说，"'最佳'不是某个人、某家出版社可以随意钦定的"。"钦定"是皇上定，恰恰也是"某个人"定，也并不可靠。历史表明，皇上们定的不少事，都很荒唐，把老百姓坑得够呛。那么，照有的论者的意思，由最权威的机构邀请最权威的专家组成评委会来评选，也许能好一些？不一定，难度也不小。譬如说，在确定谁是最权威的机构和最权威的专家方面，也并不容易。谁是确定权威的权威？全民公决也不一定能合理地解决问题。"中国作协主编"就敢说"最"么？恐怕也不敢。其实，选家是一个人也罢，是出版社也罢，是一个阵容强大的编委会也罢，也都不过反映了某个人、某一群人的特定视角和水准。说"最"也就是这些人眼目中的"最"。他并没有强加给你。你不认可，不买他的书，他也奈何不了你。当然，作为一家之言，你也奈何不了他。《北京青年报》上有个读书的栏目，在每一篇书评的旁边，画着一张圆圆的小脸儿，根据述评者对某本书的分量的估价，小脸表情不同：有的是张嘴大笑，有的是抿着嘴儿笑，有的不笑。这当然只是述评者或者至多再加上读书栏目编辑的态度，我们有没有必要声讨说：北青报，你们经过什么权威部门评选过，有什么权利让我们对这本书笑，对那本书哭？我看没有这个必要。

谁也不会否认，由有关的大部门操办，有专家们参与，丛书的编选质量会高一些，疏漏会少一些。但是，既然这种做法还没有人来做，有几个热心人和热心的出版社来做，总比什么也没有强吧？就像吃饭，以营养学家的角度看来，我们现在吃的东西，营养的搭配等方面的科学性差得远了去了，简直是在糟蹋身体。可我们总不能等农学家培养好了最科学的粮食和蔬菜，等营养学家订好了最科学的食谱，高级厨师给我们做好了，再吃饭吧？现在的选家提供的，可能只是几个粗粝的窝头，但总比吃不上饭要好吧？

说到这里，还不妨拓展到另一条思路上去。那就是，经手的人越少，编的东西、写的东西可能更有点特色。我们长时间里学习的是许许多多的人坐在一起编的教材，由于人多，考虑得十分周到，拿不准的，就不说了，有棱角的，就磨圆了，最后我们读到的，就是味同嚼蜡的标准件。等我们见到了柏杨、黄仁宇和许倬云写的历史书，才大吃一惊：历史书还可以这样写！说实在的，我还真的害怕又有许多人出来制造标准件。

再把话说回来。我认为，有关的出版社用"最佳"两字来包装这套年度作品系列，不管是不是商业炒作，都没有什么不妥之处。这个"最佳"是该出版社的见解，他们确实就是照"最佳"的标准来选的。你不同意，也可以提出你的"最佳"标准，捧出一套你的"最佳"选本，以繁荣选本市场。对一件事情，总是指手画脚的多，埋头苦干的少。我苦思多日，也想不出出版社用什么名堂才能既妥帖平实，又能把书卖出去。试想一下，选家和出版社费了不少的劲，编一套"2002年度'差强人意'作品系列"？"2002年度'还看得过去'作品系列"？那他们编这种书干什么呢？

关于"前苏联"

苏联解体以后，我们的媒体在提到它时，习惯称之为"前苏联"，也不知道是谁开的头儿。

在已经消逝了的"苏联"前面，到底有没有必要加上一个"前"字？一时间，众说纷纭，莫衷一是。但是不少人见别人用了"前苏联"，为求稳妥起见，也就稀里糊涂地跟着"前"下去了。

我以为，这个"前"字，大可不必。苏联就是苏联，没有第二个。谁都知道它不在了，肯定是"以前的"了。"前苏联"也是它，"苏联"也是它，加上"前"，就是多此一举。如果一个朝代或者政权成为"过去时"就得加上"前"，那加"前"的可就不止一个"苏联"了，"唐""宋""元""明""清"都得加，外国的也一样，朝鲜历史上有个李朝，喜欢加"前"的，就要称之为"前李朝"，法国有拿破仑时代，也该称之为"前拿破仑时代"。我们的二十四史，也要大改一番，比方说，《明史》《元史》都要统统改为《前明史》《前元史》。对于喜欢加"前"的人来说，工作量还是蛮大的。

曾经见过主张"前"的道理。似乎还举出"前清"的例子来。这个例子其实对举证者并不十分有利，因为事实表明，"前清"只在清朝垮台后一段很短的时间里使用，现在早就不说了。或许现代汉语已经养成了这样的一个毛病：一个政权倒台或者一个朝代更替，在若干年内加上一个"前"字，等时过境迁，"前"字自然取消。如果这已经成了一个不成文法，那么，我们也不必急着纠正，再等上几年，"前苏联"的"前"字自然就消失了。这有点像纸媒体对刚刚去世的知名人士的哀悼之举：一个人去世后的几个月或者年把的时间内，在有他名字的地方打上一个黑框框。如果这个黑框框无休止地框下去，也很可怕，因为媒体上提及的人物中，陆陆续续都不在人世了，于是报刊书籍上就会到处布满了黑框框。因此之故，黑框框只能实行一阵子，到底是多长时间，似乎也没有人出来具体规定。只是眼下，"前苏联"的说法，还不时地出现在媒体上，看来，去掉"前"的时限可能还没有到来。

日前读到一篇文章，文中有这样的句子："在后苏联时代的俄罗斯，尽管俄罗斯族占有 80% 以上的绝对多数，但它仍然是一个多民族国家，目前的人口下降趋势如果持续，俄罗斯族所占比例将不可避免地下降。"您瞧瞧，这里又出现了"后苏联时代"。这里的构词法，是从"前现代""后现代"这种新路数那里套过来的。这里的"后苏联时代"就相当于苏联解体后的俄罗斯时代。有了"后苏联"这么个时代，"前苏联"就更复杂起来了，人们还可以把它理解为"苏联以前的时代"了，那是沙皇时代。看起来，为了避免更多的歧义，"前苏联"还是不用为好。

李敖不知道什么是"靰鞡"

熟悉李敖作品的人都知道，李敖曾写过一个自传。文字不太多，但脉络清楚，语言幽默，先后收入多个集子，可见他自己也是十分欣赏的。这个自传里关于母亲生女孩的一段文字，尤其精彩，什么时候想起来，都忍俊不禁。但这篇自传中也有明显的知识性错误，比方说，李敖居然把靰鞡说成是靰鞡草做成的（李敖用的是"乌拉"和"乌拉草"）。

李敖关于"东北三件宝"的一段文字是这样的：

吉林的特产是东北三宝，所谓"人参""貂皮""乌拉草"。人参在传说中，是一种"土行孙"式可在地下行走的植物，去挖的时候，要小心翼翼的（地）围捕，方不被它跑掉。人参每次出土，有的相隔十多年，有的相隔二十多年。人参总在地下隐居百年以上，它虽在地下隐居，却要在林间、岩下、腐土、低温、背阴向阳、倚水又排水良好、每日阳光三至五小时等条件下，才有珍贵的结果。东北土话说"七两为参，三两为宝"，表示大的人参来之不易。乌拉草做的鞋叫乌拉鞋，可以保暖，是寒冷地带最需要的。

关于人参的一段，也有问题，正确的说法，应该是"七两为参，八两为宝"，总不能越小反倒越成宝了，于理不通。这就不去说它了。问题最为明显的，是对乌拉和乌拉草的解释。

"靰鞡（乌拉）"是满语的译音，特指中国东北地区一种垫有靰鞡草的皮制防寒鞋，也算是东北亚冰雪文化的特有产物。"靰鞡"被汉语收编以后，马上就进入了汉字建制，被编在皮革制品的序列之中，人们专门为这个物件创制了两个汉字，这就是带"革"字偏旁的"靰鞡"。"靰鞡"的标准读音是 wù·la，前一个音节是去声，后一个音节是轻声。现在在词典上，能找到"靰鞡"，也能找到"乌拉"，都是指这同一个东西。汉字用"乌拉"来取代"靰鞡"，也是无奈之举。因为"靰鞡"太冷僻，一般人不会写，用"乌拉"则可将就许多人，便于走群众路线。但也有个弊病，那就是"乌拉"是两个阴平声的汉字，不能准确描述"靰鞡"的读音，尽管词典为了这个"乌拉"专列了一个词条，也标明了 wù·la 的读音，我还是怀疑，到底能有几个人能把"乌拉"准确地读为"靰鞡"，把"乌拉草"准确地读为"靰鞡草"。

旧时东北农家用的鞋，一般都是自家缝制，但靰鞡不行，必得技艺娴熟的皮匠才能制作。首先是"熟皮子"，一般是用牛皮，马皮和猪皮也凑合，但只能做低档的靰鞡。选用牛皮上的什么部位，决定了靰鞡的质量和价格。接着，把熟好的牛皮用东北特有的优质谷草（谷子的秸秆），燃烟熏成杏黄色，照鞋样子剪裁好，在鞋头的部位压出二十几道"包子褶"，再连上鞋帮，缀上鞋底，缝上"靰鞡脸"（也就是用一块皮子压住这密密麻麻的一排"包子褶"，做成一个大鼻头的样子），这样，靰鞡的主体部分基本告竣。最后是细节。先是安装"耳子"，也就是"皮耳朵"，即缝制穿鞋带用的皮环。这皮环，用不到半寸宽的皮条做成，缝在鞋帮两侧，每只鞋的"耳子"两到四对；其次是缝"提把儿"。即鞋后帮接缝处的长三角形皮条，它的用处是便于提鞋，又能避免走路松脱；再次是制作靰鞡带，也就是制成三四米长的筷子粗细的皮绳。至此，一双靰鞡就算是完成了。到集市上买靰鞡，买的就是这个皮壳子。

有点像买了毛坯房不装修就不能入住，买了靰鞡这个"硬件"，不配备"软件"还是不能穿。"软件"是什么呢？就是"靰鞡鞴子"和"靰鞡草"，恐怕还得算上裹脚布。"靰鞡鞴子"是自家缝制的一条长方形的双层夹布，一般里面还絮上一层棉花，如果媳妇手巧，这"靰鞡鞴子"上也要绣上一些花纹的。"靰鞡鞴子"有点类似后来战士打的"绑腿"，是保护踝部到小腿一段不受冻害的。靰鞡草是东北一种多年生草本植物，叶子细长，花穗绿褐色。茎和叶晒干捶软后，垫在鞋或者靴子里，可以保暖。穿靰鞡时，先用木棒把靰鞡草捶软，抖开，把靰鞡鞴子沿着靰鞡边围好，然后把靰鞡草絮进去。这时候，用裹脚布包好的脚就可以伸进去了。最后一道工序，是用靰鞡带穿过靰鞡耳子反复交叉，把靰鞡鞴子绑紧。

用靰鞡草一节，还可以多说几句。上山割取靰鞡草，也并非易事，一是这东西并不是漫山遍野都是，冬天大雪盖山，即便是有，也无法去割了。而这东西每天都要换新的，需要量也很大。为了不耽误穿靰鞡，人们就找到了更方便的代用品：玉米皮子和"稻乱子"。玉米皮子就是包裹玉米的几层包皮。这东西纤维很结实，比靰鞡草还要结实耐用。玉米皮子晾干后用梳子梳成丝状，絮在靰鞡里，很好用。水田区的人则可以用打谷场上细碎的稻草，当地人称为"稻乱子"，效果也很不错。

靰鞡这东西，虽说轻便灵活、结实耐穿，但也有不少缺点。一是穿起来很麻烦，脱掉时也挺费事儿；二是它的鞋底和鞋帮都是一层皮，甚至就是同一块皮做成的一个小船一样的东西，作为鞋底，就有点薄了。登山砍柴，就有些硌脚，在感觉上还不如布鞋的鞋底舒服。还有，在防滑上也没有什么优势，而冬天的山上冰雪覆盖，防滑十分重要；三是它的御寒功能也不宜过分夸大。如果你是刚刚换上新的靰鞡草，在短时间内感觉可能不错，而一旦脚出了汗，靰鞡草"擀了毡"或者移了位，冻脚还是不可避免。我少年时代上山砍柴穿过靰鞡，而且是质量较差的猪皮靰鞡，所以对这东西的认识还是清楚的。正是由于有这些缺点，靰鞡才被现在的各种棉鞋所取代。顺便说一句，现在东北农民习惯穿用的棉胶鞋，人们还是愿意称之为"棉靰鞡"。

李敖先生虽说生在东北，但毕竟在那里生活的时间太短，我怀疑他根本就没有见过靰鞡，不知道靰鞡为何物，所以才能想当然地说出"乌拉草做的鞋叫乌拉鞋"这样的话来。顺便说一句，靰鞡就是靰鞡，通常不再同"鞋"连起来组词，没有"靰鞡鞋"的说法。

李敖先生不认识靰鞡，没有什么值得大惊小怪的，更不影响他叱咤风云的形象。但是，在《李敖自传》发表几十年之后，在大陆介绍李敖二十多年之后，仍然没有人把这种小错误纠正过来，还是有点遗憾。可能是因为这种小知识太不起眼了吧？

你知道"呛声"是什么意思吗？

央视的《海峡两岸》和东南卫视关于台湾的节目，火得不得了。看得多了，就发现了一个有趣的问题，值得探讨一番。面对大陆广大观众的台湾时事评论员，讲的是国语。由于台湾讲闽南话的人比例较大，相当数量的闽南话词汇进入了国语也就是很自然的事情了。台湾的时事评论员讲得眉飞色舞，我们听得也是兴高采烈，但一遇到他们冒出一串闽南话的时候，我们就傻眼了，尽管这种时候不是很多。

某日的央视新闻报道，台湾倒扁的"红衫军"要转移到离陈水扁办公所在地不远的地方，继续向陈水扁"呛声"。这个"呛声"就能难倒一大片观众。

"呛声"是台湾地区的常用词，什么"呛声"歌词，什么"吴佩慈呛声狗仔别拍走光照"，什么"传扁不满'双十'遭呛声"，到处都是"呛声"。当然，我们也可以根据语境做一点推测，意思无非是"抗议"啦，"警告"啦，"发出不满的声音"啦，等等，但你不能十分确定它的意思。我请教了一个讲闽南话的朋友，他给出的解释是：叫阵，詈骂，声讨，总之是在强烈的语言谴责中显示气势和威风。权威性的工具书，譬如说《现代汉语词典》也不可能提供这样的方言词条。在词典里，我们只能见到"呛"字的两个解释：在读平声的时候，表示的是"因水或食物进入气管引起咳嗽，又突然喷出"；在读去声的时候，是表示"有刺激性的气体进入呼吸器官而感觉难受"。至于"呛声"，没有收进去。于是就出现了我这个退休的老编辑听不懂央视新闻报道的悲惨情景。

央视和各种报刊能不能原封不动地把一个闽南话的词语直接搬到媒体上来呢？余期期以为不可。解决的办法有两个，一个是把"呛声"这种不大熟悉的说法转换成普通话的词，另一个是引进"呛声"，随即做一点解释。方言词汇不是不能进入普通话，普通话没有各路方言的融入也不会有今天这样的丰富、生动，但方言词汇的登堂入室，即便不搞什么"准入制度"，也有一些不成文法，也就是某个词语有它不可替代的意义、色彩和效果。"呛声"会不会因为自己的什么独特色彩的优势进入普通话，不敢预言，要看语言自身运行的规律。语言的发展态势，有时候不是人们的主观意志能够左右的。

我以为，新词总是在不断涌现，方言词也总是在不失时机地彰显自己的表现力，但普通话如何对待这些语言现象，如何取舍，还是要讲一点章法。这是一种成熟的语言维护自己的纯洁性应有的态度。有位朋友说，新词只要多出现几次大家自然就明白了，不用做什么解释。譬如东北话"忽悠"的新义项（意即"用甜言蜜语把人搞晕了，使之上当"，语法上成了一个及物动词，可以带宾语了），一经赵本山先生在小品里推介出来，几天的工夫，全国就都"忽悠"起来了。其实，"忽悠"本身并非新词，不过是在原来意义的基础上有了一点发展，人们理解起来还是有一定的基础的。许多新词突然出现，多数又旋即消失。真正能站得住脚的，为数也不是很多，也就是说，自生自灭的比较多。面对这种过渡状态的新词，简单地拿过来就用抑或不予理睬，都不妥当，还是慎重一点，做一点解释为好。

且慢"哇噻""爽歪歪"

年轻人喜欢从外面学点新词、新说法，有好奇图新的一面，也有自惭形秽缺乏自信心、见怪思齐想迎头赶上争时髦的一面。把头发弄成黄毛是如此，不伦不类地模仿几句港台腔也是如此。

港台腔不是不能说，就看是不是需要说。粤语也罢，闽南话也罢，都是祖国大家庭中十分重要的方言，这些方言对丰富和发展普通话都有自己的贡献，譬如说，香港人说的"按揭""搞笑""非礼""峰会"和台湾人说的"比拼""层面""互动""作秀""新锐""愿景"等，陆续地都进入了普通话的词汇。我忽然又想起一个小例子："的士"这个词就是香港的朋友们发明的，现在也早已正经八百地进入了《现代汉语词典》。所以，如果由于生活或者工作上的方便，需要掌握这些方言，你就认真把它学好，这也是一门大学问；但如果只是追时髦，很盲目地人云亦云学几句，就很可能是东施效颦，成为别人的笑柄，还是不费这个脑筋为好。

"酷毙"和"帅呆"作为人们的笑料，已经显得陈旧不堪、不太可笑了。现在不少人乐此不疲的词是"哇噻"和"爽歪歪"。殊不知，偏偏是这两个词麻烦最大。

先说"哇噻"。这个词台湾人都知道它的来历。这本来是从北方带过去的一句粗话，说白了，就是一个"我"，加上一个不雅的及物动词，这个动词要"及"的"物"，被省略了，那"物"便是"国骂"那三个字，当然，也是被省略过的啦。这样一句粗话，呼来喊去实在不雅，于是便有人出来制止。哪里都不缺聪明人呀，台湾的聪明人把两个字的语音这么轻轻一转，便成了"哇噻"。就是说，不管你是穿上马甲，还是脱了马甲，都是一句粗话，一个打扮十分摩登的小姐如果一阵阵"哇噻""哇噻"地大呼小叫，其丢人的程度，跟她在大街上裸奔也差不了多少。

再说"爽歪歪"。据一些语言学者说，这是闽南话中特指男女之事圆满后的愉悦心情。现在"爽歪歪"从床上走下来，走进电视广告的小孩嘴里，也冲出电视主持人的樱桃小口。不管男女还是老幼，大家统统都在那里"爽歪歪"！我们听了这"爽歪歪"莫名其妙，不知道闽南人听了是什么感觉，兴许也认可了这词义的变化，跟大家一起"爽歪歪"了？

也许有人会说，语言是发展的，大家用得多了，"哇噻"和"爽歪歪"粗鄙猥亵的色彩也许就逐渐被淡化了。我不这样认为。我有一个现成的例子。当年鲁迅先生分析过"国骂"——"他妈的"。他曾指出，当时的"国骂"已经不单单是骂人的词汇，有时候表示惊异，有时候表示感服。他曾在家乡看见乡农父子一同午饭，儿子指一碗菜向他父亲说："这不坏，妈的你尝尝看！"那父亲回答道："我不要吃。妈的你吃去罢！"鲁迅先生说，这"简直已经醇化为现在时行的'我的亲爱的'的意思了"。这是鲁迅先生在1925年写的文章。现在80多年过去了，"他妈的"还是"他妈的"，作为粗野无文的标志，它没有丝毫的长进。

同鲁迅的这个例子有点异曲同工的，是美国因讲粗口而打起来的一场官司。香港星岛环球网某日报道，美国一家媒体因为讲粗话被告上法庭，法庭却判媒体胜诉，理由之一，是布什、切尼带头讲粗口。

据美国《时代》杂志报道，美国第二巡回上诉法院裁定，在"反对联邦通信委员会制裁广播公司使用下流和猥亵语言"一案中，支持有关的广播公司。2003年，在一次现场直播的福克斯电视台节目上，里奇在谈到自己拍《简单生活》的经历时说："你曾经尝试把一头奶牛从一只普拉达牌钱包里吸吮（suck）出来吗？那可不是那么他妈的简单（fucking simple）。"

法院认为，之所以最终做出这样的裁决，主要是因为美国目前的下流用语大环境。法院在裁决中称："近来，甚至我们政府的高级领导人都在使用各类这样咒骂词，但是任何明白事理的人都知道，他们指的并不是性或生殖器官或性行为。"

法院在裁决中引用了布什和切尼的例子：某年夏天布什当众与英国首相布莱尔交谈时，称叙利亚需要"让真主党停止这种吸吮（suck）"，切尼在向参议院帕特里克·莱希发出邀请时也使用了"Go fuck yourself"这样的话。其实，法院还可以引用布什2002年3月说过的一段话，当时伊拉克战争箭在弦上，他当众说："fuck萨达姆。我们将除掉他。"

法院的逻辑确实令我们瞠目结舌：允许媒体讲粗口，是因为政府的高级领导人都在讲；大家都可以讲粗口，是因为人们都清楚，大家在使用这类词儿的时候，"指的并不是性或者生殖器官或性行为"。

"哇噻"也好，"爽歪歪"也好，"他妈的"也好，也都像美国的"suck""fuck"之类的词一样，人们频频地使用时，指的也"并不是性或者生殖器官或性行为"，但它们是不是因此就可以大模大样地登堂入室，还是值得讨论的。深受读者欢迎的专栏作家沈宏非先生，笔墨是最摇曳多姿的，遣词造句也比较"肆无忌惮"。他在避开"他妈的"和"他奶奶的"即无法传递出自己的独特的痛快感受时，只好把它们变成人们依稀能看懂的"网络词汇"，写下这样的句子：

"尽管所谓'山泉水'的来源今已十分可疑，不过我还是觉得白云山上的那碗茶，就是 TMD 好喝；白云山水浸出来的豆腐、猪手，实在是 TMD 好吃——当然，这都是在山上'野餐'时的想法，下山的路上，我通常都会得出这样一个比较理智的结论：好吃，好喝，多半是因为 TNND 刚才爬山爬出来的饥渴。"

这是一个狡黠的办法，但由于不够规范，肯定不能普及。沈宏非的挥洒自如，令人们难免陷入这样一种困惑：我们是不是也像上述的美国人偏爱用 FUCK 一样，总觉得强调来劲的词汇虽然汗牛充栋，但什么也代替不了 TMD？

什么叫"不知所踪"？

这两年在报纸上常常见到"不知所踪"四个字。当然只能说是四个字，既不是成语，也不是固定词组，意思上也是不知所云，来源上也是不知其所宗。

与"不知所踪"这几个字比较接近的，有一个成语"不知所终"，意思是说不知道这个人结局、下落，是什么时候、在哪里、什么原因消失的。如果写文章的人说的是这个意思，写成"不知所踪"就不对了，因为这几个字凑在一块，什么也不是。"所"字是一个助词，它后面带一个动词，而且必须是及物动词，合在一起，变成了一个名词性结构，或者说，相当于一个名词，表示与这个动作行为相关联的各个方面，诸如人、事、物，等等。例如，所想，是想的事情；所见，是看见的东西；所杀，是杀死的生命。而"踪"字是"足迹"的意思，是名词，根本无法与"所"字配套。如果想说的意思是"不知道他的踪迹"，可以用"不知其踪"，勉强说得过去，但仍有生硬的感觉。

需要注意的是，第一，"所"字只能加在及物动词前头，绝对不能加在不及物动词和形容词前头；第二，当"所……的"作定语时，它所修饰的名词在意念上一定得是动词的受事。

还有，"不知所终"所要求的语境，是说一件比较严重的事情，前提是这个人已经"终"了，这个失踪，时间已经不短，是死是活，也说不清楚，也不知道他是如何"终"的，"终"在哪里。如果只是想说你的某个朋友近几天没见踪影，用"不知所终"就大大地不妥了。他会埋怨你诅咒他。

是 "比对"，而不是 "对比"

美国《时代》周刊 2007 年 5 月 28 日一期上，载有记者朱莉·格劳的文章《诚实问题》。《参考消息》转载了这篇文章。转发的时候，文章的题目被改得更加明确了:《被指营造 "互不信任文化" ——美反剽窃论文网站惹争议》。

文章说的是什么事呢? 是写论文的剽窃和反剽窃的问题。美国有一家网站宣称，它可以代人写论文，每页最低收费 9.95 美元，加急每页则收取 24.95 美元。该网站还言之凿凿地声称，代写的论文不会因剽窃的问题造成麻烦，否则将全额退款。据说，美国如今类似这种网上枪手网站已有数百家之多。那些压力过大、想作弊或者偷懒的学生通过网上付款就可以轻易通过互联网作弊，高中生和大学生也可以轻松地在网上找到他们想要的东西。

有矛就会有盾。反剽窃网站随即应运而生。文中提及的这家反剽窃网站每天收到的论文多达 10 万多篇。网站将这些论文与互联网上数以亿计的文章、数万份期刊和已经归档的大约 4000 万篇学生论文进行对比。目前已有 7000 多家教育机构开始利用这一系统来查找作弊行为，其中包括哈佛大学和牛津大学。这件事情挺有趣，看来写论文投机取巧的勾当不光中国有，国外也很严重。反剽窃网站觉得他们的工作会让校园内的竞争变得比较公平，可是许多学生并不领情，反而认为这种做法是对人的不信任。

我不厌其详地叙述了文章的主要梗概，是为了交代一个动词的语境，以便讨论这个词用得是否恰当。这就是反剽窃网站的工作方式：把客户交来的新写的论文同大量已经发表的论文进行"比对"。这篇文章的英文原文用的是哪个词，不知道。中文译者用的是"对比"。用"对比"可不可以呢？应该说，也说得过去。拿来一篇新论文，在利用搜索引擎调出相关领域已经发表的文章，逐一对比一下，看看新论文有没有抄袭的痕迹。但相比之下，我认为用"比对"也许表达得更为准确。

"对比"，作为动词，在《现代汉语词典》上解释为：（两种事物）相对比较。列举的例子是"古今对比"和"新旧对比"。"比对"，在《现代汉语词典》上解释为：比较核对；对比。举的例子是"比对笔迹"。需要指出的是，"比对"作为一个词条，这是第一次被《现代汉语词典》收入。这个词的被承认，说明它的出现有助于人们更准确、更细腻、更贴切地表述有关的意义。在长期的使用中，"对比"给人的印象，通常是在两个事物的总体比较上使用，比较"宏观"，而"比对"就比较"微观"，往往是在两个事物的局部、细部的比较时使用，所以刑侦部门在破案时会常用这个词。那么，核对一下新论文有没有抄袭和剽窃之嫌，到底是总体上的比较还是局部的比对呢？多半恐怕还是局部的，特定一个方面的。核对者关心的，不是这篇文章跟其他各篇文章总体上质量的高低、优劣，而是在文字内容上有没有惊人的雷同之处。是观点的雷同，还是大段大段文字的雷同，乃至通篇的文字雷同。这种比对，同刑侦工作在性质上其实很相近。

"比对"一词，我们开始使用比较晚，但既然它已经出现了，我们就应该让它有表现自己的机会，在该发挥作用的时候把它推上去。

是"云山雾罩"还是"云苦雾罩"？

"云山雾罩"可以认为是一个成语，在一般的辞书上都能找到，意思是"云雾弥漫"，或者"形容人说话漫无边际，令人不得要领"。从这个成语的字面组成上看，也勉强能解释得通：一座"云"山，又被雾"罩"了一下子，当然就更看不清楚了。

然而，我一直倾向于认为，"云山雾罩"是一种以讹传讹的错误写法，正确的写法应该是"云苦雾罩"。

理由是：一、从结构上说，中国的成语大多数结构都比较工整、对称。"云苦"和"雾罩"，就像"鸡争""鹅斗"，"水深""火热"，"日新""月异"，"兵强""马壮"等成语一样，通过一种同义的对文来强化某种特定的含义。而"云山雾罩"比较起来就很不工整。这种结构不是没有，也不是不可以，但"云苦雾罩"这工整的结构从成语的形成和接受习惯上说，更为合理。"云苦雾罩"中，"云苦"和"雾罩"是两个完全相同的主谓结构，"云"和"雾"意思相近，"苦"和"罩"的意思也差不多，都是在物体上面覆盖的意思。一个事物，被云"苦"着，被雾"罩"着，肯定是令人感觉没边没沿，看不清楚。这就与成语的本义更为贴切，更为准确，较之"云山雾罩"也更为合乎情理。二、从语义上说，"云苫"和"雾罩"这两个并列的主谓结构说的都是一个状态：某个东西被"云"或"雾"给"覆盖""遮掩"了起来，看不大清楚了。而"云山雾罩"虽然可以牵强地解释成"本就是云山了，又让雾给罩了一家伙，更不清楚了"，但显然在情理上不如前者顺畅、明快。

有人会说，"苫"字在用作动词的时候读作去声。其实，在北方不少地方，"苫"字用作动词时，有时是去声，如说"把粮食苫起来"，也有时读阴平，如说"苫房子"。

"云苫雾罩"之所以常常被写成"云山雾罩"，我推测多半是因为"苫"比较生僻，一般人常常想不起来，只好用"山"来凑数。这就像"打尖住店"的"尖"，本来应该是"中间"的"间"，既然大家都写"打尖"，写"打间"反倒不对了。"云山雾罩"也是因为时间长了，就成了约定俗成的成语，而"云苫雾罩"反倒没了自己的位置。我在电脑上敲出这个成语的四个音节，电脑很快跳出来的也就只能是"云山雾罩"了。"云苫雾罩"是不是还能把鹊巢鸠占的情况彻底改变过来？恐怕很难了。

说 "的士" 和 "打的"

在 "的士" 出现之前，我们用的词是 "出租汽车"。想打车，就说 "我去叫一辆出租汽车"，因为 "出租汽车" 是四个字，人们就简化为 "出租"。打车就说 "打出租" 或者 "叫出租"，没有人简化为 "打出汽" 或者 "叫租车"。"出租汽车" 四个字太啰唆，"出租" 倒是只有两个字，可是简化得不得要领，令人莫名其妙："出租"？出租什么？于是，香港人的独创 "的士" 便引进到内地。英语的 taxi 被讲粤语的人用 "的士" 来描述，很见功力，连粤语的入声字都用上了，准确无误，恰到好处。记得大杂文家牧惠先生在世时，曾经盛赞用 "的士" 来描述 TAXI 的智慧。北方人看不到这语音描述的贴切、精妙，只是觉得比 "出租汽车" 要省事多了，方便多了，于是，迅速普及。

我最早是在作家张洁的一篇小说中见到 "的士" 和 "打的" 这两个词的。当时对这两个词能不能流行还持怀疑态度，因为用助词 "的" 来组词，看起来有点怪模怪样的。事实证明我多虑了，人家流行得很顺畅，而且越来越红火，越来越吃得开。不光是自己吃得开，而且还呼朋引类，拉扯起裙带关系，闹出不少的衍生物来，譬如 "的哥""的姐" 呀，"面的""摩的" 呀，"板的

（平板三轮车）"呀，连自行车带人也有人叫"单的"啦（南方不少地方把自行车称为"单车"）。有的地方甚至把载客用的小驴车称为"驴的"。最有趣的是成都，那里有一种安装了一个偏斗的自行车，用来载客的时候，就叫作"pā 的"。这个"pā"是一个方言字，"火"字旁，右边是一个"巴"字，是软的意思。耳朵软，怕老婆，四川人就称之为"pā 耳朵"。这种偏斗车，发明之初是丈夫专拉老婆用的，因此被戏称为"pā 耳朵车"，戏称为"pā 的"。两个音节，却开了两个玩笑。这也是四川人的幽默感了。由于这东西安全性太差，被交通部门禁止做"的"，但"pā 的"作为一个词，还是被人们记住了。

我原以为，"的士"和"打的"的发明都是香港人的专利，前些时候看了一位久居香港的作家的一篇小文章，才得知，"打的"是"的士"被引进之后内地人做出的贡献，是内地人把"的士"进一步简化为"的"，并以它作为词素，重新构词，创造了"打的"一词。有人分析说，"打的"的"打"，是"搭车"的"搭"演化而来。我以为，这说法是不准确的。首先是声调不对。"搭"是阴平声，"打"是上声。其次是意思不对。"搭车"有点顺便、捎脚、坐蹭车的意思，不是自己花钱雇车。"打车"的"打"才能体现出主动雇车的意味来。其实说到底，是有的人对"打"字的构词能力和作为动词的支配能力估计不足，对"打"的词汇意义的丰富性也估计不足。打字、打人、打鼓、打架、打玻璃、打假、打电话、打电报、打毛衣、打家具、打包裹、打井、打水、打草稿、打游击、打红旗、打篮球、打车票、打官司、打交道、打哈哈、打离婚、打马虎眼……罗列几百个词组出来，根本不费劲。"打"的能耐大了去了，让"打"字出来领受点新任务，"打"个"的"，那还不是"拾柴火打兔子——当捎带儿"！

说"整"的力度

陈原老人在《重返语词的密林》一书中，曾经提到"文革"前的"社会主义教育运动"。这运动的目的，据说是"整""走资本主义道路的当权派"。接着，他对"整"字发表了一番议论，他认为，"整"字在这里是个"委婉语词"，就是把难听的话换成了好听的话。"大清洗，多么难听，多么吓人；轻轻地'整'那么一整，好听多了，舒服多了"。看起来，这位老人显然低估了"整"字在北方人嘴里的力度。

"整"字作为词素，在组成"整齐""严整"等词的时候，是形容词性的，组成"整理""整顿""整肃"等词的时候，是动词性的。单个的"整"，古汉语抛开不算，主要是存在于北方人的口语中。至于后来也进入了文件，进入了政治词汇，那是后话。

"整"作为动词，意义比较宽泛，抽象，大致相当于南方常用的"搞"，也相当于"弄"，但似乎比"搞"和"弄"有劲。"搞"和"弄"，其结果可以是多向度的，事情可以"搞好""弄好"，也可以"搞坏""弄坏"。"整"的结果似乎负面的多一些。"整坏了""整垮了""整黄了"说得比较多，"整好了"

之类的说法，就少一些。而且，"整好了"跟"搞好了"的意思也有差别。"整好了"之前的起点，恐怕要低一些，改变的过程似乎更费劲一些。"整"的力度似乎也比"搞"和"弄"来得大，有时候，持续的过程似乎也更长一些。"他们把人往死里整"，这个"整"，从时间到空间上都没有太具体的局限，从手段上说，抽象的、具体的多管齐下，从被整的人的角度来看，这是一个难以逃脱的巨大网络，你简直就无所逃于天地之间。在这个语境中，用"搞"或者用"弄"，都无法准确地传递出那种特有的韵味。

"整"字也有不这么沉重的时候。几个朋友在一起喝酒，有人提议："诸位，拿起杯子来，咱们再整一个！"于是大家拿起杯子，一饮而尽。在这里，"整"就是处理、处置一下子，也就是把杯子里的酒倒进喉咙里去。喝到半截，酒菜不够了，主人会吩咐老婆："你快去再整俩菜来！"这里的"整"又是"张罗""筹办""制作"的意思了。如果有人叨咕，要"整"俩钱花，你就得提防着点儿，因为这里的"整"，到底是"挣"，还是"借"，是"偷"还是"抢"，全都是未知数。在这个层面上，"整"字同"搞""弄"也难分伯仲了。

东北人还用"整"字构成新词"整景儿"。"整景儿"就是搞花架子，造气氛，哄弄、欺骗别人。比方说，上级领导来了，事先做精心的准备，甚至制造一点假象，以把领导同志哄乐了为目的。领导深入到户时，这户居民的政治可靠度如何，表达能力如何，家里的条件、设备能不能上镜，家里的空间能不能安排两个摄像机的机位，参与接待的当地干部和群众能不能配合默契，领导要视察的蔬菜大棚，里面的蔬菜长势是不是很茂盛，都要下功夫一一考察，做出最佳选择。领导来了，大家能说什么，不能说什么，也要交代清楚。村子里专爱告状、闹事的"刺头儿"，要派专人照看好，不能跑来捣乱。还要选一两个长得聪明伶俐、洗得白白净净的小孩子，以备领导同志在同群众聊天时抱一抱，以示亲民。东北人把这些活动都称为"整景儿"。我以为，这个"整景儿"很有味道，有资格进入普通词汇。

也说东北话中的"贼"

听说，有到东北的游客问本地人："请问，这附近有宾馆吗？"本地人热情地回答："有，贼多！""啊？贼多？那还是另找地方吧。"你会说，人家误会了。这里的"贼"和小偷没有关系，是"很""非常"这样表示程度的一个副词。人家没法不误会，因为不管是现代汉语还是古代汉语里，"贼"作为程度副词都是很稀罕的事情。在古汉语里，"贼"作为动词，有伤害、杀害的意思，因此有"贼国者族宗"（见《战国策·赵策》，"是贼天下之人者也"（见《墨子·非儒》）的说法。"贼"作为名词，是"杀人者""强盗""祸害""仇敌"的意思。这跟现代汉语的意思已经比较接近了。"贼"也有做形容词的时候，比如，在《史记·游侠列传》中有"（郭解）少时阴贼"的句子，这就是"残暴""狠毒"的意思了。

"贼"字的结构很有欺骗性。你看，一边是武器（戎），一边是财物（贝），这不明明是持械抢劫或者偷窃的勾当么？汉字以形声字居多。"贼"字的义符和声符却叫人难以捉摸。你说"贝"是义符吧，"贼"字的读音同"戎"毫无关系；你说"戎"是义符吧，"贼"字的读音跟"贝"也沾不上边。

请教了高人才知道，原来"贼"字从"戈"，"则"声。不知怎么搞的，"则"字的立刀被"戈"字俘获过去，还交叉起来，躲在"戈"字下面，构成了"戎"字。一个以"戈"为形、以"则"为声的字，被弄得面目全非。

　　那么，"贼"字到底怎么就具有了"很""非常"这样能够修饰形容词的副词功能呢？近日拜读李先耕先生《疑信集》，其中一篇题为《说程度副词"贼"》的文章引起了我的兴趣。

　　李先耕先生学问做得很扎实。他从《现代汉语词典》（1979年版），《北京话单音词汇》（1956年版），《国语辞典》（1937年初版，1947年第2版，1957年重印）中都找到了"贼"字作为程度副词的根据。这说明，"贼"字作为程度副词的身份被承认的时间比较早。李先生又从几位不同地域的当代作家的作品中找到了几个例子：蒋子龙（天津）在《蛇神》中用过"贼精"、冯骥才（天津）在《三寸金莲》中用过"贼亮"、俞天白（上海）在《古宅》中用过"贼精"、叶文玲（浙江）在《铁匠沙亨中》用过"贼臭"。再早一些，老舍1936年在《骆驼祥子》中也用过"贼亮"。李先生要以此证明程度副词"贼"应用地域之广。

　　接着，李文梳理了一下"贼"字"名词→形容词→副词"的变化脉络。他指出，在宋以前，"贼"作为詈骂之语，既有后置的"老贼""奸贼"一类用法，也有"贼秃""贼王八"等前置的用法。《水浒》中的"贼配军"和《金瓶梅》中"贼混沌虫"的"贼"，自然都是形容词性质，就像今天说的"狗汉奸""鬼机灵"中的"狗"和"鬼"一样。但到了第二个过渡，也就是从形容词到副词的过渡，就显得有些艰难。李文所列举的《金瓶梅》中的"贼混沌""贼乖趋时""贼留心的"和"贼没廉耻的货"等，有如下的问题难以解决：一、"贼"字在动词和形容词前头出现的频率不是很高；二、"贼留心的"和"贼没廉耻的货"这类的结构中的"贼"，还可以理解为是对后面整个名词性结构的修饰，这就不能说它修饰动词或者形容词；三、也是更重要的一点是，这些出现在动词和形容词前头的"贼"，都是贬义色彩浓厚，都可以解释为"贼一样地 V"，也就是说，这里的"贼"并不是程度副词，而是描写状态的副词，是用来形容摹写人物的行为像贼一样。这里的"贼"虽然近于状态副词，但"贼"字的本义仍然在发生作用。以此观之，断言"在以《金瓶梅》为代表的 16 世纪末口语中贼字已开始成为程度副词"，尚缺乏有力的证据支撑。

语文工具书收入作为程度副词的"贼"字较早，这是一个事实，但毕竟还是当作方言现象来对待的。就连老舍在《骆驼祥子》里面用的"贼亮"中的"贼"，瞧那具体语境，便知道"贼"的基本义还在起作用："像一些什么阴森的气儿，想要摆脱开那贼亮的灯光"。

李先耕先生在行文之初便表示不同意程度副词"贼"是"东北土话"以及 80 年代在北京青少年口语中"刚露端倪"的说法，认为它已经"广泛使用于北方口语，开始进入普通话的语汇"。这个判断恐怕还是可以商榷的。我以为，说程度副词"贼"在东北地区流行较早，使用普遍，而在其他临近东北的地区（譬如天津、北京）有比较少的人使用，可能比较符合实际情况。我前前后后在北京生活了 35 年，不管是北京土著还是外地来京者，每天都在接触，但还是极少听到人们把"贼"作为程度副词来用。偶尔听到有人这样用"贼"，细一追问，原来是在东北插过队的知青。既然古汉语的"贼"没有发育成程度副词，现代汉语中又找不到形成程度副词的社会语言学方面的途径，"贼"这个程度副词到底是从哪里来的呢？

上穷碧落下黄泉，两处茫茫都不见。为了找到"贼"字具有程度副词这种新意的出处，我们的思路恐怕要跳出汉语去找答案了。东北历史上主要是汉族、满族、朝鲜族杂居的地方。东北的汉语中，涌入了大量的满语成分，这是大家都熟知的。而对朝鲜语对东北汉语的影响，却鲜有人研究。我以为，副词"贼"恰恰就是朝鲜语词汇进入汉语的一例。

　　朝鲜语中有一个表示"最"的程度副词"第一"，发音用汉语来描述，大致上就是"贼—勒"的样子。后面用"勒"字其实并不准确，因为这只是一个类似入声的结尾，并没有韵母的存在。但"勒"作为一个辅音"L"的存在是毫不含糊的，所以东北人把"贼"用成副词同形容词连用时，地道的表达方式是"贼拉多""贼拉好"，而不是"贼多""贼好"。至于流行时间长了，有时候，这个"拉"被精简掉了，应该是后来发生的事情。这个痕迹也很有力地证明，这个词的出处是朝鲜语。"贼—勒"在读音上与古汉语的"第一"应该是差不多的，古汉语的"一"字也是入声字。可以推断，这个"贼—勒"也是属于"出口转内销"的性质：某个朝代的汉语"第一"被引进朝鲜，等我们再听到的时候，已经听不懂了，因为我们自己的"第一"的读音也发生了很大的变化。

　　李先耕先生对哈尔滨人用"贼"的情况的考察，是符合实际情况的，对它在语法功能上的分析，更能证明它跟朝鲜语的血缘关系。李文指出，"贼"没有否定式，不能说"不贼高"。这与"最"功能相似，而同"很"之类的副词不同，而在实际使用中，只有一部分人认为"贼"的程度之高无以复加，多数人只在"非常""特别""极其"这样的意义上使用它。还有，"贼"只能是前加副词，不能放在形容词加"得"的后头，如说成"高得贼"或者"好得贼"。这几个特点，如果用朝鲜语的来源来解释，便可以迎刃而解。"贼拉"的原义是"第一"，当然是最高级的，朝鲜人在最先把它"移植"到汉语中来的时候，毫无疑问，就是当"最"来用的。既然是"最"，有些人认为它是无以复加的高，就是正确的。既然是"最"，当然不可能有否定式，不能说成"不贼高""不贼好"，不可能单独跑到动词和形容词后头去做补语（"高得贼""好得贼"），也是很正常的了。至于许多人后来没有觉得"贼"是最高级的"最"，一是它的语源并不是人人清楚，二是使用频繁之后，"最"的意义往往被"钝化"或"淡化"了。汉语的"极其""极为"又何尝不是最高级，大家说得多了，也就逐渐被"降级"了。

从李文中我们能看到一个有趣的现象：著名作家使用程度副词"贼"时，都是在贬义的语境中，而东北人用"贼"的语境，却是没有褒贬。至于李文谈及东北人在使用"贼拉"时多用于贬义，我以为也缺乏统计学上的根据。至少在我这个东北人看来，不存在这种分工。"这里的宾馆贼多"中的"贼"，就没有什么贬义色彩。东北人也常常在赞美的语境中说"某某同志待人贼拉热情"，这就更是褒义的用法了。"贼"字作为一种色彩强烈的最高级程度副词，没有褒贬，"贼"字的汉字本义在这里没有发生任何作用，这很能说明它只是外来语的一个译音。

是不是可以作这样的推测：这个"贼"字最先是由会讲汉语的朝鲜族人把它"强行""植入"汉语的，他肯定觉得汉语的"很""非常"还不够劲儿，不如他们的"贼—勒"过瘾。用得多了，汉族人也受了影响，也跟着"贼拉"起来。

与"贼拉"进入汉语的情况相同的，还有一个朝鲜语程度副词"成（成达）"在东北某些地区使用得也十分普遍。"成"（或者"成达"）是"相当""很"的意思。"成好了（成达好了）""成多了（成达多了）"，就是"相当好""相当多"的意思。在辽宁盘锦地区，有些汉人在表示"相当多"时，干脆全部借用朝鲜语，说成"成文的啦"。"文"，其实朝鲜语中读的是"曼"，"多"的意思。

对于语文的研究来说，我算个圈外的发烧友，对"贼"字作为程度副词的来源，也只不过是提出一个假想的方案，是否真的有道理，还要就教于语文领域的专家。

民族之间语言的融合是个十分有意思的课题，汉语词汇"出去转了一圈变了样儿再回来"的现象，所在多有，不光是对朝鲜语。满语中有个"福晋"，仔细考究起来，原来就是汉语"夫人"。此类语言现象的研究，对语言融合的研究，对比较语言学和社会学的研究，都很有意义。

应该用"压"还是用"轧"？

报纸上见到一位警察对司机提出的要求："行车中不闯灯，不超速，不压线，不酒后驾车"。这要求无疑是对的，但其中有一个字用错了，这就是"压"字。媒体报道交通事故的时候，常常要写出伤亡的数字。在一些报刊上会出现"大货车压死两人"这样的句子。这显然也是用错了字，都没弄清楚"压"同"轧"是意义不同的两个字。

"压"有五个义项，它的本义是"从上面加重力"。其他的义项，譬如"用武力镇服""制止""逼近"等意思，也都是从本义那里引申而来。"压"的作用力肯定是从上往下的方向。死在汽车下面的人，不排除有被压死的。比方说，一个大客车或者大卡车发生了侧翻事故，碰巧走在车旁边的人，就可能被汽车压死。这个时候，车大致上可以说是从上面压下来的。但一般的汽车肇事导致的死亡，却不是"压"死的，而是汽车轮子碾死的，就是说，是滚动的车轮把人碾死了。这个动作的准确表达，就应该是"轧"，而不是"压"。

"轧"，在字典上的解释就是："圆轴或轮子等压在东西上面转。"字典还举了例子："把马路轧平了。"难怪人们会错用为"压"字，你看字典在解释

"轧"字时，还用了"压"字来帮忙。不过毕竟在后面说清楚了，压在东西上面还要"转"。这个"转"字才是关键。其实，字典解释得也不是很到位、很准确。汽车碾压一个物体，哪里是先压上去然后再转动车轮？谁事前把汽车抬起来，压到人体上，然后再转动车轮？如果真的有人这样做，那已经不是一般的汽车肇事，而是蓄意谋杀了。

真个是"人生识字糊涂始"。前些天给小外孙买了几本看图识字的画册，里面不约而同地都有"压路机"。心想，这不明明是错的吗？怎么能本本都错了呢？一查书发现，错的不是画册，而是我。《现代汉语词典》上，赫然有"压路机"一个词条，其注释是："用来压实道路或者场地的机器，有很重的圆筒形轮子，用蒸汽机或内燃机作动力机。"而"轧道机"，也列出了词条，只不过不是正宗，标明是方言中的"压路机"。查到这里，我就奇了怪了：一家权威级的词典，怎么能开这种玩笑呢？自己制定的规矩也不遵守？我们刚刚费劲巴力地把两个"yà"掰扯清楚，转眼之间，你自己就把游戏规则破坏了，把"轧道机"变成了方言，把"压路机"奉为正宗，圆筒型的轮子很重不假，但它工作起来毕竟是"碾"而不是"压"呀。这莫非又是约定俗成的力量么？我越来越糊涂了。

社会上的人们为什么容易错用"压"字呢？我想，一是因为两个动词的意义有相同和相近的一面，用"压"字人们也不至于引起误解；二是在北方一些地区，"压"字没有阴平声的读音，全都读去声，同"轧"的音调完全一样，就容易混为一谈。第三，"压"又是一个常用字，顺手就能写出来。而"轧"这个字用得就比较少，有些人只知道它读"zhá"，在"倾轧""轧钢""轧辊"等词中出现，不大知道它就是准确描述转动、滚碾这个动作的词。不过，有了《现代汉语词典》这样宽松的交流和互动，也许过不了多久，"压"和"轧"就混为一谈了亦未可知。就我的愿望而言，还是厘清使用中的混乱才是正途。

语文小札

"你好"和汉语中的问候语

　　我对中国是个礼仪之邦的说法一向持有疑问，因为我们满目所见，往往都不怎么争气，看不出多少礼仪之邦的样子。我一直想弄清楚，这个"衔头"是自封的，还是外国评选或者推举的。若是自娱自乐式的自封，那就相当的没劲了，可以不提；如果是众望所归的评选，就应该查实参评国家的数目、评选的充足理由和正式颁发证书的年份。我多年跟这个"礼仪之邦"过不去，是因为尽管我们关于"礼"的理论和制度十分丰富，足以傲视群雄，但在实践操作上，礼仪却实在是太稀薄、太贫瘠。上公共汽车不懂得排队，在车上视座位如生命，老人和孕妇站在身旁也能做到熟视无睹，这岂止是不懂"礼"，简直连起码的道德感和廉耻心都没有了。如果有百分之八九十以上的公共汽车里都是这个样子，你还有勇气说这个国家是"礼仪之邦"么？至于肆无忌惮地吐痰和吸烟能占多大的比例，谁都心中有数。

　　不文明的行为不去说它了，单说"说话"，再具体一点，只说"问候语"。您能列举出几种国人见面时比较"像样"的问候语吗？"幸会，幸会"？"久闻大名，如雷贯耳"？在电视剧里也许可以说说，可您在今天晚上跟新老朋友吃饭的时候说说试试，看能不能说出口。您说出口了，看大家用什么样的眼神看您。那么，熟人之间见了面，到底说什么呢？您不妨回忆一下，刚才下楼到超市买菜遇到张大妈，您是怎么打招呼的。想起来了，刚张嘴的时候，想问人家"吃了吗"，马上意识到，地点不对，在厕所附近。这个钟点也不大对劲，上午十点钟，问的是哪一顿啊？立即改成"张大妈，您也买菜哪"？真不好意思，也真不像样子，中国人的见面问候，竟然就是这样的几种模式：一、吃了吗？二、上哪里去？买菜呀？散步呀？三、对长辈或者有官衔、职衔者的一句呼叫。

这三种模式是地道的中国特色的问候语。我所了解的极有限的几种外语的问候语中，都没有这些模式。第一种模式，把中华民族千百年来的苦难史浓缩到一句问候中来。多少年来，我们的民族都是吃不上、穿不上的。到了饭顿儿，能有进食之物，是一件多么重要的事情！这种问候的实际内容逐渐虚化以后，问候者对对方进食状况，就不是十分关切了，即便是你还没有吃饭，甚至干脆就没有食物，也并不意味着可以马上到我家里来吃一顿。我在问你"吃了吗"的时候，我根本就没想"吃了吗"这三个字的意思，其作用跟美国人的"Hi"基本相同。答话的人一般是回答"吃了"，不管他实际上吃没吃。他在说"吃了"的时候，也没有考虑"吃了"两个字的意思，还是相当于用"Hi"来回应对方的"Hi"。"吃了吗"是个国家级的问候语。从南到北，从东到西，一概通用，只是形式上稍有变化。河北人是问"喝粥了吗"，河南人是问"喝汤了吗"。从讲闽南话的女婿那里得知，闽南话的问候语中，"吃饭了没有"也是首要的选项。

在中西文化的比较中发现，这个"吃了吗"对西方人来说，颇为费解，也陆续地造成了一些小的误会。我见过一个材料，说的是一位西方留学生在北京语言学院学习，周围的中国人待她十分热情，几乎是天天有人问她吃饭了没有。她的理解是，中国人都以为她十分贫困，吃不上饭。几天下来，她委屈得大哭起来。至于误以为问话的中国人是想邀请自己吃饭的情况，就更多了。等到这些外国人成了中国通，见了面也对你问候"吃了吗"的时候，你却发现不对劲了。这些外国人穿唐装可以，说"吃了吗"就不得体了，甚至令人觉得有点滑稽。"吃了吗"是中国人之间专用的问候语了。你说怪也不怪？不过，我们似乎可以预料，随着中国人吃饱了，文化也逐渐提高了，一定会用更高雅的形式把"吃了吗"取代下来。

第二种模式，是假装对对方正在从事的事情表示关切。在路上碰见，一般问的是"你上哪儿？""你干什么去？"你可以随便回答"我随便走走"或者"我出去买点东西"，因为你很清楚，问话的人对你的去向和要办的事情毫无兴趣。这里的问话和答话，同样相当于美国人的"Hi"。西方文化背景的人对这种问话就十分反感，认为中国人总是愿意刺探别人的隐私。我到哪里去，去干什么事，有什么必要告诉你呢！这就是不懂中国文化，把虚化的内容给坐实了。第二种模式中的另一个小类，就不问你上哪里、干什么了，因为他看得清清楚楚，你正在干什么。所以他只要描述一下你的"现在进行时"就行了。如果见你背着手，迈着方步，明显地是在散步，就可以打招呼道："老张，遛弯儿哪？"见你提着一个菜篮子回家，就会问："老刘，买菜啦？"第二种模式的两个类型，都乏善可陈。从西方人的角度来看，你问了你不该问的，就比较讨厌；把对方正在干的事情描述下来，向对方证实一下，如果不是智商有问题，就是近乎无聊。真不如把美国人的"Hi"大胆引进，大家"嗨"来"嗨"去的，既省事又响亮。难怪陈原老人也提倡大家"Hi"起来，虽然有点洋味儿，也没关系，因为实在是太方便了。国人对于外来的一些东西，奉行的是"拿来主义"。国人原来过生日，一般人家也就是吃几个煮鸡蛋，做一碗长寿面。这仪式也未免过于简单了。于是，西方传来的生日蛋糕和生日歌便大为普及。以此观之，问候语只要方便有效，国人也是不会拒绝的。

第三种模式，更是中国所独有。中国人从古至今，讲的是"长幼尊卑"。小辈的，见了老人，喊个"爷爷""奶奶"，年轻的职员见了上级，喊个"王局长""宋老总"，就算问候了。问候这个程序，目的无非是表示尊重，我把你的辈分和官职承认了，而且喊出来了，这已经是很尊重了，你听到了，应了一声，也满足了，目的就都达到了，皆大欢喜。按理说，问候语应该是有来有往，但在这种模式里，对长辈和上司的回应方式，要求比较宽松。他可以朗声作答，也可以含笑点头示意。他就是只用鼻子哼了一声，你也没有办法，不能苛求。在这种情况下，人们对两个方面的要求是不对称的。

当然，汉语的问候语，绝不止于这三种模式。不少地方就有"你早""老师早"之类的问候，电视节目主持人也常常问你"早安""晚安""下午好"之类，还可以罗列其他一些形式的问候，只是这些问候语的普及性目前还不大够，所以不再仔细罗列。

这里要大书特书的一个问候语，是近几十年来中国才普遍使用的一个打招呼的"通用件""标准件"，那就是可圈可点的"你好"。这个"你好"或者"您好"，实在是太重要了，太管用了，它简直是填补了汉语问候语中的一个很大的空白！

有人说，"你好"是新中国成立后人们才用来打招呼的，它的来源是从英语的"How do you do"或者"How are you"翻译而来。其实，这种说法不甚准确。我顺手举一个《红楼梦》中的例句，便可将"你好"的使用年代推到清代。《红楼梦》的第六回，刘姥姥一进大观园。刘姥姥进城找到了荣府的大门，随后便找到了周瑞家。

> 周瑞家的在内忙迎出来，问："是哪位？"刘姥姥迎上来笑问道："好啊？周嫂子。"周瑞家的认了半日，方笑道："刘姥姥，你好？你说么，这几年不见，我就忘了。请家里坐。"

在这段对话中，刘姥姥和周瑞家的，其实都用了"你好"。只不过刘姥姥的一句把"你"给省掉了。这个例句能说明"你好"的使用年代可以大大提前，但并不能证明它使用得有多么普遍。说它在新中国成立后才时兴起来，也是符合实际情况的，说它的流行是受了英语"How are you"之类的影响，也是不争之实，我们从"你好"多半是在文化界、教育界这些文化修养比较高、外语比较好的人群中使用，而不是在刘姥姥和周瑞家的这些底层人中流行，就能见其端倪。

准确地说，二十世纪的五六十年代，"你好"或者"您好"还只是限于书信之类的书面上使用，在口语中使用的频率并不高。即便是在写信中用，似乎也有"太洋了"之嫌。那么，我们说中国人只是在近二十多年里才把"你好"在口语中普及开来，该没有太大的误差。

"你好"实在是个好东西。首先，它是一个"标准件""通用件"，不管男女老幼，是打招呼，是问路，是求助，都能使用，书面、口语不受限制。汉语口语中原本没有"早安""晚安""日安"之类的问候语，有了全天候的"你好"，就什么时候都能应付了（这里插一句，我对"你好"实用功能的强大，予以充分肯定，却对人们的滥用不大满意。比方说问路，这本来应该先说一声"对不起""请问"或者"麻烦了"之类的道歉话，现在却常常用一句"你好"代替了）。其次，"你好"结构简单，只有两个音节，无论是中国人还是外国人都很容易记忆。再次，它的含义单一、明确，只表示一种笼统的问候或者祝愿，这种问候用不着回答，回应的话也同样是"你好"两个字，不用费力地转换形式。英语的"How are you"就不行了，答话最好是连说三句话，一句是"我很好"，第二句是"谢谢"，第三句是"您怎么样呢"。这三个意思，省去哪一个，都有点失礼，所以很麻烦。当然，简单也有简单的缺点，那就是在表达强烈的感情时，显得分量不够，于是我们就常常见到人们一边握手，一边喊道："你好！你好！你好！"一般要说三个"你好"才算够劲。

说四五个也不一定好，人家会以为是唱片坏了，唱针在一个圈里转个没完。

自从我们找到了"你好"，感觉就大大的不一样了，我们终于也有了一个很容易与外语对应的问候语了。我们见面时的问候，也可以更"形而上"一些，不必问人家吃没吃，也不必打探人家要做什么，对局长或者总经理，叫不叫都能说得过去，外国人学汉语的时候，也能找到一个同其他语言容易对应的问候语。因为"你好"容易掌握，所以全世界许多人都会说这两个音节，这两个音节比上面讨论的三个模式简单多了。这实在有利于汉语的传播和推广。在电视上一位外交官说，他在非洲最偏远的农村里，也能听到黑人兄弟用"你好"向中国人问候。这感觉太奇妙了，你简直不能不感谢对"你好"的发明者以及对它的流行做出贡献的人们。试想一下，那黑人兄弟如果不是说的"你好"，而是按中国人的方式问道："大兄弟，你们这是到非洲来了吗？""你们都吃了吗？"你该惊讶成什么样子！

171 个新词的发布以后

2007 年的 8 月 16 日，发生了一件对中国语言学界不能算小的事情。国家语委和教育部在其官方网站发布了《2006 年中国语言生活状况报告》，报告列出了 171 条汉语新词语选目。教育部当天还举行了有关问题的新闻发布会。某网站转载了报告中的 171 条汉语新词后，反响比较热烈，半天左右的时间里，竟然有 500 多位网友发表看法。说"比较热烈"，是因为这事儿和学术有点关系，是严肃的正经事，不大容易热闹起来，不能跟选"超女"那样的娱乐活动相比。

网友们的评价，多半比较正面。在两个字的跟帖里面，"支持"大大地多于"反对"。有的人说，这是"对语言的发展与进步的肯定"，有的相当认真，说消化这些新词还得一些时间，还打听能不能买到有相关的解释的书籍。一个比较普遍的反映则是："看样子我真的落伍了，这上面绝大多数的词我压根就没听说过！"这是真的，绝大多数人，对这里面的多数词是闻所未闻。

到底如何看待国家语委和教育部发布新词的举措呢？作为一个多年同文字打交道的人，我的看法是，充分肯定其积极的方面，同时也指出其不足之处。

这次发布新词的初衷是极好的。它使语言文字工作者对现实语言的跟踪和研究更为科学，使研究成果能更好地为现实、为大众服务。国家语委的一位负责人李宇明说，发布的目的，在于引起人们对语言国情的重视，积极引导语言生活向着和谐的方向发展，为语言政策的制定和学术研究提供参考，也为相关部门的工作提供参考。一位学者以充满喜悦的心情说："我觉得它透露了一个重要的信息：国家语言文字主管部门正在密切关注社会的语言状况。在社会对新词语屡有争议的大背景下，这份词语表显示出了宽容的气度和引导的热情。这有利于保存和积累语言资源，激发社会运用语言的智慧，有利于保障民众的语言权利，加速建设和谐的语言环境。其积极意义是不言而喻的。"我以为，这段议论足以代表大部分人的想法。多年来，我们的语言研究一直是比较滞后的，现在敢用"跟踪"这个动词来描写语言工作者的有关研究，这本身就是一个飞跃式的大进步。

但这个活动无疑还有许多值得商量之处。从网上看到，郝铭鉴先生的三点建议就很值得考虑、采纳。建议的第一条和第二条，是要对"新词语"这个概念形成共识，做出科学的界定，明确新词语的选择标准。不能把"新"作为唯一标准，还要兼顾到是否具备汉语的词汇特征：特定的指称对象，合理的逻辑结构，明确的辨识标志，预期的传达功能。标准明确了，就不至于把极少数人甚至个别人心血来潮的拼凑、对固有词语的粗暴肢解和随意缩略以及偶然使用的修辞现象都视为新词语。从这171条新词语上看，选择者的目光似偏于网络领域，偏于青年人群，欣赏词语的另类色彩，有意无意地追求游戏性和时尚感。第三条建议，是把新词语的公布放到每年召开的学术会议上去，而不是向全社会公开传播。现在的做法，主观上想保留语言档案，客观上却成了推广新词语。有些本来很快就会自生自灭的新词语，存活率本来不高，但由于通过法定的文件公开亮相，人为地拖长了它们的生存时间，这对语言的自我调节机制十分不利。

　　读罢这三条建议，又产生了新的困惑。郝铭鉴先生的建议釜底抽薪，把新词语的公布挪到了专业会议上，不妨可以说，他委婉地表达了对这种把不成熟的研究过程仓促公之于众的异议。这里提出了一个问题：语言文字工作者的工作，到底应该与时俱进到什么程度？跟踪现实语言跟到多近才算合适？能不能"有词必录"？从网上得知，一位参与这个项目研究的教授说，171个词条是从数千个词条中选择出来的。我对一年产生数千个新词条毫不怀疑，但我不相信这数千个词条都像这171个新词条一样，都是谁也都没见过、谁也看不懂的东西。如果我们的估计没错，那就是选择的标准出了问题。选新词当然应该"从长计议"，为更多的新词进入普通词汇做准备。像"梨花体""熊猫烧香""抱抱团"之类虽然能看懂，但注定是停留不了多长时间的新词语，放在数千个记录性研究的档案里尚可，放在171个公开发布的新词条中，就不一定合适。另外，第二年就发布上一年的新词语，恐怕时间也太短，没有给大家的取舍、语言的淘汰机制留出足够的时间。像这171个新词语，如果没有这次公布露露脸，绝大多数都会像它们的悄悄出现一样，悄悄地消失，不大可能惊动太多的人。

　　我以为，语言工作者研究应该积极，公布成果不妨慎之又慎。因为这些成果，和时装秀或者概念车展不一样，对社会的影响太大，差不多会涉及每一个会说汉语的人。据报道，教育部语言文字信息管理司的负责人王铁琨先生表示，在公布新词时，会同时配有例句和注释，这样大家看起来就不会很困难。这种为大众服务的观念固然很好，但这不就是在推广普及这些还没站住脚的新词吗？他还表示，教育部还会记录汉语语言中的新的词语，预测新的语言。我对"预测新的语言"表示了极大的警惕。语言工作者能不能"预测新的语言"，"预测"的成果如何诉诸语言的使用者，都是值得人们关注的问题。

标点符号是怎样诞生的

中国古时候有没有标点符号？占主流的说法，是没有。但也有不同的意见，说有。我们多数人长时间里，受的是"没有"派的影响，还找到了或者说推测到了"没有"的理由：古人的书写材料过于珍贵。这也不是毫无道理。你想，无论是早期的竹简、木简，还是稍后的布帛，加工都很不容易，竹片儿上、丝帛上的空间，自然是能省就省，能多写一个字，就多写一个字，让标点符号占个地方，不划算。

"有"派的意见也不能不听听，因为也并非全无道理。有的专家指出，汉语标点史可以溯源到甲骨文时代。甲骨文的书写者，是使用线条和间空来作为分词分段的手段的。狭义的标点，指有明确书写形态的标点；广义的标点，还应包括没有书写形态的方式，如间空啦、分段啦等。两汉的时候，有了"句读"作为停顿标志，类似我们今天的断句。符号有"↓"和"、"两种，比如《说文解字》中，解释"↓"为"钩识也，居月切"，"、"则为"有所绝止，而识之也。知庾切"。就是说，凡是句尾可以停止的地方，就用"↓"来标记，句中有可以句读的地方，就用"、"来标示，也就是今天的句号和逗号。有趣的是，许慎很重视这两个标点符号，把它们当成文字收入字典，做到了有形、有音、有义。到了宋代，钩号变成了圆圈，标形如"○"，有大中小之分。朱熹在著《四书章句集注》时就是每章之前用大的"○"，每句之后用小的"。"这一时期还出现了段落号，用"∨"或"∧"表示，画在每段末尾字的右下角，甚至出现了"○○○○○""……"这样的密圈、密点加在字的右旁，强调句子的精彩部分。至于画在人名或者地名旁边的竖线，则晚至明代才出现。

据此说来，汉语的标点符号也是有模有样地持续了数千年，怎么能说没有呢？笔者能想到的解释是：这些标点符号虽然不绝如缕，但实行的范围太小，不够普及，绝大部分的书籍，还是没有任何标点的。还有一点，也不能不提及，那就是"句读"之类的标点符号，长时间里，不是作者所为，而是读者在阅读时做的记号。这种记号，有较大的随意性，是否符合作者原意，也很难说。作为一种标点符号，却不是跟作品同步产生，而是由读者后来"追加"，不同的读者可以有自己的追加方式。这种作品与标点符号奇特的分离方式，可能是世界上各种文字中绝无仅有的风景。像朱熹那样，在著书时候自觉使用标点符号的，少之又少。

如此看来，简单地下结论，说中国古代有或者没有标点符号，都不妥当。准确点说，早在甲骨文时代就有了标点符号的萌芽，有了使用标点符号的书写实践，只不过规范化和系统化的时间较晚而已。最为系统、完备的标点符号的使用和普及，则是在西文的标点符号引进和消化之后。

近日见到一篇美国人谈标点符号的文章（见《青年参考》2009年4月7日），得知外国人最初发明标点符号的目的，是为了便于朗诵（笔者按：看来并不是因为当时的牛皮和羊皮这些书写材料忽然地便宜了）。一位叫 Ursula Dubossrsky 的美国人说，英文标点符号一词（punctuation），源自拉丁文 punctus，意思就是"点"。这些"点"让读者知道哪里需要稍停，哪里需要加强语气等等。这就从根本上颠覆了我们长期以来对我们的老祖宗没怎么使用标点符号的原因的解释。不妨这样推测：不管是东方人还是西方人，更早的时候没有使用标点符号，是因为没有发明出来，跟书写材料珍贵与否关系不大。有的学者纳闷，标点符号的形状远比文字简单，而数量又远比文字为少，何以文字很早就能创造出来，而系统的标点符号却姗姗来迟？而且东方如此，西方也如此。

据说，古希腊公元前5世纪的文字，都是连着写下来的，没有标点。当时的大学者亚里士多德在《修辞学》一书中，提到哲学家赫拉克利特的著作因为连写而难以断句。到后来，亚历山大图书馆的馆长阿里斯托芬（前257—前180）才创制出三级点号：中圆点、上圆点和下圆点。从无到有，渐成序列。

作为西方新式标点系统的奠基者，是意大利语法学家和出版家 A. 马努提乌斯（约1450—1515）。他以语法原则取代诵读原则，制定了5种印刷标点：逗号（,）、分号（;）、冒号（:）、句号（.）和问号（?）。马努提乌斯制定的标点符号为什么能够推广开来呢？除了读者阅读上的需要以外，和他的家族是经营规模较大的出版商很有关系。这个家族在百年间出书近千种（这在当时已经是一个很大的数目），如果这些书籍都采用了马努提乌斯的标点发行出去，这种标点符号当然就很容易得到普及了。从这时开始，欧洲各语种也逐渐开始形成自己的标点体系。至于欧洲几个较大语种的标点符号，到18世纪末至20世纪初才最后定型。

西文标点符号引起中国人的重视，是在鸦片战争以后。第一个从国外引进标点符号的是清末同文馆的学生张德彝。同文馆是洋务运动中清政府为培养外语人才而设立的，张德彝是第一批英文班学生中的一员。同治七年（1868）二月，退役驻华公使蒲安臣带领"中国使团"出访欧美，张德彝也成为随团人员。张德彝有一个习惯，就是无论到了哪个国家，都喜欢把当地的风景、名物、风俗习惯都记录下来，以"述奇"为名编成小册子。在1868—1869年期间，他完成了《再述奇》。这本书现在称作《欧美环游记》，其中有一段介绍西洋标点的，云："泰西各国书籍，其句读勾勒，讲解甚烦。如果句意义足，则记'.'；意未足，则记','；意虽不足，而义与上句黏合，则记';'；又意未足，外补充一句，则记'：'；语之诧异叹赏者，则记'！'；问句则记'？'；引证典据，于句之前后记'""'；另加注解，于句之前后记'（）'；又于两段相连之处，则加一横如'——'。"

其后，西风之东渐越来越甚，西文也为中国知识分子越来越熟悉，其标点符号之方便，也时时刺激着大家的改革热情。翻译家严复的《英文汉诂》（1904）是最早应用外国标点于汉语的著述。五四运动前些年，不少作家已经开始使用新式标点。修辞学家陈望道先生，对推广应用新式标点符号起了积极的作用。他于1918年5月，在《学艺》杂志上发表《标点之革新》一文，介绍西洋标点符号10种，同年5月起，《新青年》杂志就全部采用白话排印加上新式标点。它的影响很大，不到半年就有四百多种报刊仿效。由于当时的出版物多采取直排方式，于是使用者都做了不同程度的"中国式"调整。1919年4月，以胡适为首，包括钱玄同、刘复、朱希祖、周作人、马裕藻在内的六教授，在国语统一筹备会第一次大会上，要求政府颁布通行"，。；：？！——（）《》"等标点的方案。11月底，胡适对上述方案做了修改，把原方案所列符号总名为"新式标点符号"，次年被批准。这个议案先说明了使用标点符号的必要性，再列出各种符号，包括句号、点号、分号、冒号、问号、惊叹号、引号、破折号、删节号、夹注号、私名号、书名号共12种。

新中国成立后，原中央人民政府出版总署曾于1951年9月公布了《标点符号用法》，包括14种符号。1990年3月，国家语言文字工作委员会和新闻出版署联合发布修订本《标点符号用法》，符号增至16种，其中点号7种（句号、问号、叹号、逗号、顿号、分号、冒号），标号9种（引号、括号、破折号、省略号、着重号、连接号、间隔号、书名号、专名号）。随后又经部分修订，于 1995 年 12 月由国家技术监督局批准将其列为国家标准，通称国标本《标点符号用法》，要求各机关处理文书，出版报刊、图书以及学校的老师和学生在教与学的过程中，都要正确、规范地使用标点符号，以准确、生动地表达语言。

值得一说的是，国人对于标点符号的引进，也进行了具有"中国特色"的处理。与西方使用的标点，有几处明显的不同：①句号用"。"，不用"．"。这个圆圈圈，是国人使用了多少年的东西，既熟悉又醒目，比西文的那个小点点，好得多。②引号用『 』和「 」，不用"" ""和' '。这是为了适应竖排文字的特点。时过境迁，随着我国文字绝大部分横排，引号也就跟西文的趋同了。③西文的人名和地名等专有名词的开头用大写字母表示，汉字没有这种标记，所以要有人名号和书名号。 此外，二者的区别还有：汉语破折号占两个汉字的位置，英语破折号则只占约一个汉字的位置；汉语省略号为六个连点（也可以说成"两组三个连点"），且上下居中，英语省略号则只有三个连点（也就是"一组三个连点"），且居于下方；汉语连接号有"长横"（——）、"一字线"（—）、"半字线"（‐）和"浪纹"（～）之分，它们分别占两个汉字、一个汉字和半个汉字（半字线和浪纹）的位置，英语连接号则只占字母 m 宽度的 1/3（‐）；等等。

汉语里有些标点符号在英语里是找不到的，如顿号、着重号、间隔号、书名号、专名号等。在汉英翻译时，顿号常处理成逗号；着重号在汉语里表示强调，翻译成英语时常将被强调部分的文字用斜体或粗体表示；汉语间隔号用于外国人名或某些少数民族人名。在英语中，因为是直接用空格将人名各部分分开，用不着间隔号；汉语书名号翻译成英语时，只将相应部分变成斜体；汉语专名号用在人名、地名、朝代名等专名下面，它只出现在古籍或某些文史著作里面，英语里相同情况下则不用任何符号。

从"猪流感"到甲型流感

2009 年的 4 月中旬，地球上突然爆发了一种流感，这东西来势凶猛，墨西哥没几天的工夫已经死了数十人，数字还在陆续增加。这让人立刻想起了 2003 年肆虐亚洲的"非典"。研究发现，这次流感肆虐的病毒是 A 型流感病毒，携带有 H1N1 亚型猪流感病毒毒株，包含有禽流感、猪流感和人流感三种流感病毒的基因片断，是一种新型猪流感病毒。这个流感引起了世界卫生组织的高度重视，后者把它命名为"猪流感"。并在全世界范围内把警戒级别提升到较高的 5 级（仅次于最高级别 6 级的）。

"猪流感"提法一出，世界各国"谈猪色变"。因为流感同猪紧密联系在一起，人们就普遍认为，眼下在墨西哥和美国等地暴发的疫情，可能缘于接触生猪或者食用猪肉。于是，埃及等地开始屠杀成千上万头生猪，以阻止"猪流感"的流行。各地也纷纷停止进口墨西哥和美国的猪肉制品。这种情况引起了农业界和联合国粮农组织的关切。如果不及时制止，全球到处杀猪，猪肉又没有人敢吃，后果也不堪设想。世界卫生组织多次表明，虽然这种新型病毒是由猪流感病毒演变而来，但到目前为止，这种病毒只是使人患病，是人对人传染，还没有发现猪被感染、猪感染人的病例。世卫组织还强调，食用充分烹制的猪肉或猪肉产品，并不会感染这种病毒。还有人幽默地说，你跟猪亲吻，比跟你的情人亲吻还要安全保险。韩国总统李明博为了证明吃猪肉毫无危险，现身说法，亲自跑到烤肉店，大搞"吃肉秀"。看起来，用猪来命名所带来的误解，后果还很严重，使猪蒙冤受屈，成为打击、灭绝的对象，随之而来的，也影响了食用猪肉的诸多人民的日常生活。唉，人有病，猪知否？

以猪来命名一种病，对某些对猪比较忌讳的宗教来说，也会面临一种尴尬。据说，以色列就表示了不满。为了尊重一些民族和宗教的习俗，也有必要采取点委婉的措施，把"猪"回避掉。

"猪流感"命名的不妥，逐渐被人们所认识。于是，大家纷纷给"猪流感"更换名字。世界动物卫生组织建议把"猪流感"改为"北美流感"，因为它最早发现于北美的墨西哥。泰国干脆把这种疫情称为"墨西哥流感"。墨西哥不干了，这可不是什么光彩的发明专利，干吗以"墨西哥"命名？他们马上出来辩解，说疫情发源地绝不是墨西哥，而是一名来自"欧亚大陆"的游人把病毒带进了墨西哥。好家伙，这"游人"好生厉害，漫游了"欧亚大陆"，带回了一个"猪流感"。一个"欧亚大陆"，一下子把球踢到了地球的另一面，而且，不是把目标缩小了，而是扩大了。美国人对"北美流感"肯定不感冒，也想拿出一个"中性的"称呼取代"猪流感"和"北美流感"，但一时也没有什么好招数。欧盟4月29日宣布了一个决定，说要把"猪流感病毒"改称为"新流感病毒"。这也不是一个高明的主意，因为"新流感病毒"用语过于含糊，又没有显著的区别性特征。"新"和"旧"都是相对而言的，今天是新的，过几天它就旧了，更何况，光是新的，就不会只有一种或者两种，你怎么能说清楚，猪流感到底算是哪一种？

这不免令人想起了500多年前，欧洲人客客气气地推让梅毒的情景。16

世纪的航海使梅毒流行欧洲。英国人认为，是风流的法国人的罪过，所以将此病称为"法国病"；法国人追根溯源，认为意大利人最可疑，遂称之为"那不勒斯疮"。虽说意大利人大大咧咧，浑不吝，可对这事不含糊，他们把"祸水"西引，称为"西班牙疮"。在欧洲打了一圈儿，也没定案，觉得还是亚洲人好对付，于是看中了广东，起名叫"广疮"。广东人不知什么原因，没有把球踢回欧洲，反倒推给了越南，说这病来自交趾，那地方过于潮湿，易生此病。

总之，各国各怀心腹事，围绕猪流感的命名之争，也越来越热闹，有些争论早已超越了科学、惯例、习俗的范畴，夹杂了政治和外交的因素。大家都纠缠在命名问题里，势必要消耗掉宝贵的时间和精力，这当然会影响对疫情的交流和统一协作。看来世界卫生组织再不出手不行了，他们很快宣布，从4月30日起，停用"猪流感"这一称呼，用学名也就是病毒的名称"A（H1N1）"来代替，也就是说，把"猪流感"改称"A（H1N1）型流感"。世界卫生组织的标准化工作一宣布，"猪流感"更名问题的吵闹，立马尘埃落定。中国人把它稍稍"汉化"了一下，变成了"甲型H1N1流感"。

有的媒体称，为"猪流感"正名，显示了世界卫生组织科学认真的工作态度和力避以讹传讹的责任心。这个小小的"横盘整理"行动，必将对国际社会联手应对这场瘟疫产生持久的正面作用。这评价是十分中肯的。

这次"猪流感"的改名，引发了我这个语文发烧友的感慨。感慨之一，一波感冒的命名，居然牵动了那么多人的神经。一不留神，就会得罪一批人，甚至一大堆人。一个新生事物的命名，必须小心翼翼，犹如在灌木丛中行军，动不动就会挂在什么树枝上。感慨之二，一个名字取得不妥，竟然也会制造很大的"冤案"，把人们的注意力误导到毫无罪责的猪身上，害得千百万猪头落地。虽说养猪就是为了杀吃，可这种屠戮却是暴殄天物，无端地给社会造成极大的经济损失，生猪饲养链条的一时断裂，会导致人们食物需求的失衡，而且重新平衡起来也并不那么容易。感慨之三，世界卫生组织十分敬业，其办事效率还是很高的，从"猪流感"名称的出现，到改称"A（H1N1）型流感"，还不到十天的时间！这恐怕是科学命名史上反应最快的一个纪录吧？这次流感，是2009年4月在墨西哥发生，4月13日死了人，才引起了当局的关注。18日才进行化验研究。加拿大22日、美国23日先后作出了同样的结论，认定是"A（H1N1）型流感"病毒的作祟，并将这种流感称为"猪流感"。到了4月底，世界卫生组织已经作出了改名的决定。

这次对一种感冒的命名的调整，因为涉及控制疾病传播的各种措施，事关各国人民的生命财产，有关方面行动这样迅速，这样认真，是完全必要的。其他新生事物的科学命名和调整，虽说不一定像这次一样急如星火，但这样一种敬业的态度，无论如何是值得我们效法的。

大学校长与错别字

　　2018 年是北京大学建校 120 周年。北大的校庆，原来是 12 月 17 日，清末京师大学堂成立的日子，从 1953 年开始改为 5 月 4 日。改动的原因，一般人都能想到。从有的资料看，除了政治原因，还有技术上的考虑。据说，当时的汤用彤副校长认为，老校庆时间临近期末，师生太忙不宜搞大的活动。这也有道理，一个很重要的校庆，在大家都忙于期末考试的时候进行，很纠结的，谁都玩不痛快。这是一段闲话。

　　120 年，是中国人比较讲究的"双甲子"，因此北大此次校庆的动静比以往要大。历届校友许多人都想回母校看看，退休老学生的积极性更高，他们大多都有闲心，有闲钱，更不缺闲工夫，权当是一次会友加旅游。

　　结果，这一次参加校庆的，和没去参加的，差别就大了，因为有些热闹，也不是什么人随时随处都能碰到的，譬如校长搞出来的"鸿皓门"。

　　北大的这届校长，名叫林建华，是学化学出身的。林建华作风蛮朴实的，常常背个双肩背出去开会。如果不是这次的"鸿皓门"，社会上许多人还不知道北大的校长是谁。其实默默无闻地当校长，这才是正常的，像民国时期的蔡元培、胡适、傅斯年这样的明星校长，早已成为世纪绝响，哪能像土豆一样，每年都可以从地里刨出来一堆？千不该、万不该，林校长不该头天晚上忘了备备课，结果把讲稿上的"鸿鹄志"念成了"鸿皓志"。

这一下不得了了，全中国的网民都跟打了鸡血一样亢奋起来："哈哈，北大校长念错别字啦！"网民们显然有点小题大做，校长怎么就不能念错别字？中国汉字数以万计，相当比例的字使用频率不高，加之古今读音有变，方言读法有异，就算是中文系的教授，也断不敢吹他从来不读错字的牛。那么，网民为什么要小题大做、揪住不放呢？

头一条，是一条一般人都不明说的原因。校庆前几个月，北大已经闹出了一起纷纷扬扬的事情。北大外语学院一名女生，要求校方信息公开，把多年前中文系一位女研究生自杀的事情交代清楚。据说，死者的死因与一个导师的性侵有关。按说，事情已经过去多年，虽说是丑事，但毕竟与当前的各级组织干系不大，也没什么不可以公开的。怪就怪在有关人员对要求信息公开的女生和家长如临大敌，用力过猛，处置的力度很夸张。网民有气出不来，奚落一下出丑的校长，也是情理之中的事情了。此事只能意会，不便言传，所以一般人不提这个背景。

第二条，人们对大学校长有苛责心理。大学校长是闹着玩的吗？北大的校长，更应该是无所不能，既要精通百家，又要擅长琴棋书画，学术领域的权威和院士，都是题中应有之意。如果你连初中教材中出现了的"鸿鹄之志"都不知道，就让人觉得难以将就了。

第三条，网上披露，林校长不是头一次读错别字。林校长在校庆的讲话中，不光是读了"鸿皓"，还把"莘莘学子"读成了"晶晶学子"。以前的讲话中曾把"谆谆"读成了"蹲蹲"，"乳臭未干"的"臭"读成了"chòu"等等，属于屡次出错的类型。更令人气愤的，是在搞危机公关的道歉信中又暴露了更严重的新问题。在道歉信的结尾，林校长语重心长地教诲道："焦虑与质疑并不能创造价值，反而会阻碍我们迈向未来的脚步。"大学不就是培养质疑精神的吗？中国最高学府的校长否定质疑精神，这比念几个错别字严重多了。再说，质疑真的不创造价值吗？没有质疑精神，人类历史能够前进吗？林校长的"鸿皓门"之所以越闹越大发，与道歉信中的这个错误认识的暴露关系甚大。本文讨论的是与错别字有关的问题，"质疑"云云，题目太大，这里就不展开了。

北大的点儿有点背。短短的一个校庆日，"错字门"不止林校长的讲话，有照片为证：图书馆前面的广场上，竖起了两个巨大的隶书美术字"北大"，"大"字明显是安放反了。蚕头燕尾的一横，变成了燕尾打头，蚕头做尾。下面，捺成了撇，撇成了捺。红色的大标语上的字，也是错的。"风云两甲子，百廿共未来"中的"廿"被打成了"甘"。打字的人和核对的人，似乎均不懂得"廿"是个什么东西，于是自以为是"甘"字之误，自作主张打成了"甘"。

这是个什么节奏？好像北大师生员工利用校庆这个黄金时间争先恐后地搞了一场错别字大比拼。北大一个笑话是偶然，几个笑话挤在一起，就要考虑一下北大的必然了。一个北大校长出笑话是偶然，清华和人大的校长也纷纷出错，这就是中国教育界要研究的必然了。博士出身的云南省省长，不知道云南简称"滇"的读音，读成了"镇"，不少博士高官念稿子也是错别字百出，这里不知道又有什么必然应该思索。据说，钱学森生前在温家宝同志看他的时候，留下了一个"钱学森之问"：为什么我们的学校总是培养不出杰出人才？这才是值得思索的。现在看来，这个问题还排不上号，应该有一个更迫切的问题，可以暂命名为"瓜田之问"：为什么上面的衮衮诸公连年不断地搞"错别字门"？

公共场合的汉语拼音用不用严格规范？

汉语拼音在我们的日常生活中一直是个配角。小学识字教学的时候，它一度重要过，查字典的时候，它也挺关键，不懂得使用，就不知道某个汉字的读音。除此之外，似乎汉语拼音就有点可有可无了。说来也是，汉语拼音是我们识字的一种工具，识字的时候，把它捡起来，用一用，不用识字的时候，也就放下了。就像我们铲土，就操起铁锹，拧螺丝就找出改锥。我们不能因为改锥重要，就整天改锥不离手，干什么活儿都拿着它。所以，我们能想到的，汉语拼音在各种商品的品牌上，各个商家的门脸牌匾上可以见到，但那装饰效果大于实用目的，基本上没有什么人靠它辨认商品或者商店。近些年，在街道上的各种路标上也见到了汉语拼音，绝大多数是蓝牌子白字，标准化的黑体字大写，整齐美观，十分醒目。

路牌子上使用了汉语拼音，其目的恐怕就不单单是为了给上面几个汉字做装饰用了。尤其是近些年来外国人来得越来越多，有的外国人不认识汉字，却能使用汉语拼音，这样，有了拼音，他也就大致上能找到要去的地方了。

汉语拼音在充当点缀和装饰的时候，拼写得不规范，虽然不合适，但还引不起太大的麻烦，可一旦有人需要依靠拼音来阅读的时候，规范问题就显得相当重要了。地名的拼音如此，人名的拼音也是如此。看北京举办的第 29 届奥运会的电视转播，我们看不到汉字的字幕，运动员的名字都是汉语拼音。如果拼写不规范，我们就无法知道运动员是谁了。刘翔，是个全世界著名的运动员，所以一旦出现了 LIU XIANG，不管是中国人还是外国人，都不会想到别人身上去。假设这个拼音说的是另一个不出名的新人，我们就只好猜测，这个 LIU XIANG 是刘香呢，还是柳湘？也许是柳巷？那么，怎么规范呢？我以为，最要紧的，是把汉语拼音中的四个声调标上去。汉语跟西方诸种语言在语音上的一个重要区别，就是有独特的声调，一个音节，因声调的不同，而增强了功能的张力，表达不同的意思。标上了音调，仍然会有一些同音字带来不便，但毫无疑问，这不便已经大大地缩小了范围，降低了人们识别和理解的难度。除了声调，还有隔音符号"'"，该用的时候，也别不好意思，都用上。

因为大家看惯了英文，再看标上声调的汉语拼音，肯定不大顺眼，有点像水面上漂了一层浮萍。这不要紧，看惯了就顺眼了。形式是为内容服务的，我们的内容就要求有这一层浮萍的形式，这没有什么难为情的，标上就是了。标上了，离我们要表现的东西就近了一些，使用起来就方便一些，不标，看着似乎顺眼，但使用效能就减弱了。WANGFUJING，如果标上声调，变成了 wáng fǔjǐng，我们就能比较迅速地想到"王府井"，否则，你就要琢磨一番，是"望夫井"？"往复径"？"王富景"？王府井是国人都耳熟能详的地名，换一个不熟悉的，譬如说，你看了 DAJIAOTING，试试看，从"大叫厅""大脚亭""搭轿亭"，需要多长时间能捕捉到"大郊亭"？

除了声调，隔音符号同样也不能含糊。地安门的汉语拼音是 dì'ān mén，如果含含糊糊地拼成 dianmen，十有八九会被人读成"店门"或者"电门"，也可能是"殿门"。在一辆长途客车上，有一排汉语拼音组成的句子，它是这样拼写的：zhuniyilupingan。我猜想，是"祝你一路平安"的意思吧。但是"平安"的"安"在汉语拼音中是元音 a 开头的 an，如果不加上隔音符号，人们很自然地会拼成"pin gan"。祝你一路品甘？一路拼干？一路贫赶？

总而言之，如果我们仍然把公共场合的汉语拼音当成装饰图案，那它有没有声调和隔音符号之类，无关紧要；如果充分注意到它的实用表意功能，那就无论如何也要考虑它的声调等问题了，这不是没事找事，而是汉语拼音系统题中应有之义，只是被我们错误地忽略了。现在是把这个疏漏补上的时候了。顺便说一下，由于没有人强调这个问题，所以电脑输入软件的设计人员从来没有把汉语拼音的声调问题当个事儿。我在输入汉语拼音的声调的时候，只能是千辛万苦地从插入栏的特殊符号中查找，由于字体不匹配，以至于把这个带着音调的元音字母请到文章里来的时候，十分别扭，连距离都很特殊。

我热切地期待着规范化的汉语拼音把全国的所有路标彻底刷新一次，也希望以后所有出现汉语拼音的场合都能带上声调。

关于"因病医治无效"种种

你随便拉过来一个中国人，问他喜不喜欢八股，恐怕都会见到对方十分鲜明的痛恨表示。反对八股文，往最晚里说，五四运动时期就开始了。毛泽东在延安时期还写了著名的《反对党八股》。所以，八股的名声一直很不好。但奇怪的是，大家痛恨归痛恨，由于用起来省事又顺手，所以谁也离不开它。最现成的例子就是我们在报纸上常常读到的讣告。

讣告作为最常见的应用文体的一种，有点固定的格式，本来无可厚非，一来写起来省事，二来也可以避免有的死者家属的纠缠。你格式稍有变化，死者儿子就会打上门来声讨你：前几天死的老张头，你们怎么写的？轮到我们老爷子怎么就变啦？凭什么呀？

说固定格式有它的好处，并不意味着现在流行的格式就好，就合理。恰恰相反，目前常见的这个格式毛病还真就不少，只不过大家看惯了，习焉不察而已。

先说结构上的头重脚轻式的严重失衡。前些日子在网上见到某省一位教授去世的讣告，就是个典型的例子。该教授名字的前头罗列了20个修饰语，近200来字，从某党党员、某届人大代表到某学会理事和离休干部，搜检得十分详尽。教授戴了这样一顶巨大而沉重的帽子，下面却没穿什么衣服和鞋袜，只有短短的十几个字："因病医治无效，于某年月日不幸逝世"。这样一个句子，无论从视觉上还是从听觉上都不可能给人带来舒服的感觉，顺当的感觉。我并不特别地反对给死者加这20个头衔，一个普通人奋力拼争到这些荣誉容易吗？不容易。不加上这些头衔家属能答应吗？不答应。但加有加的技巧。比较合理的办法是，先把人死了的消息用短短的一个句子先报道出来：某大学的某教授于某年月日逝世。下面再从容不迫地将死者生平或者众多的头衔一一道来。这样，讣告就好看多了。说白了，讣告也是一条新闻，一条宣告一个人离开人世的新闻，当然应该简明扼要地先把这个事件推出来，让人家一目了然。你啰里啰唆地先搞出200字令人莫名其妙的头衔算怎么回事？

再说八股句子中关键的六个字的啰唆、冗赘、没话找话说的尴尬。这六个字就是"因病医治无效"。讣告是一种庄重、严肃还要带有悲戚色彩的文体。这种文体从形式上说，句子不宜过短，用词不宜过俗，播音员在播送的时候，语速不宜过快，要同舒缓低回的哀乐的节奏同步才好。从内容上说，要体现出活着的人对死者的热爱，尤其要表明大家对死者的抢救都尽了最大的努力。于是就有了这个回回都不能少的"因病医治无效"。其实，一句"某人于某年月日逝世"足矣，愿意详叙生平或者头衔的，再在后边从容补上。"因病"提亦可，不提亦可。老百姓常说，没病不死人。无疾而终的人，听说过，但不大常见。既然大家都是病死的，不说也就算不上有什么信息上的遗漏。"医治无效"则纯粹是废话一句。没有任何人怀疑病人生前被医治过，偏僻乡野的农民也许有生病治不起硬挺着的，但这种人由于身份关系，也难有机会在报纸的讣告上露脸。就算是运气好，上了报纸，也不会有人写出"该农民由于生活窘迫，无钱就医，生病后一直硬挺，终于没挺过去"的句子。

一般病逝者多半死在医院里，说医治"无效"也没有人否认，因为明摆着，人都没气儿了，还能说有效？你如果这时候还在那里说"有效"，就是居心不良的恶作剧了。既然这六个字都是废话，为什么不把它删掉？至少"医治无效"四个字完全可以不要。

另外，"某人因病医治无效于某年月日逝世"一句在语法上也是值得商榷的。"某人因病逝世""因故缺席"，都是通顺的，"某人患病医治无效"也行，唯独"某人因病医治无效逝世"不可以。"医治无效"搅缠在"因病"的后边，又不能充当"因病"的"果"存在，实在是多余的部分，它破坏了"某人因病逝世"句子的合理性。如果有人对这个句式有极大的偏爱，也不妨继续说下去，但"因病"必须改成"患病"，这样，跟下面的"医治无效"和"逝世"还能组成一个联动的结构。

既然这几个字于情于理都没有存在的根据，是不是就可以从讣告中清除呢？难。人们对于既有的八股的遵循，有极大的惯性，对改变则表现出极大的惰性。

规范汉字表：一项早该出台的规定

近日，一则"《规范汉字表》即将出炉"的消息引起社会极大关注。不管是由于媒体的记者嗅觉敏锐，还是政府有关部门有意事先透透风，听到这个消息，还是觉得十分高兴，尽管这是一项早就该出台的规定，或者说法律。

看了文章得知，这个《规范汉字表》的拟定还是相当慎重的。这个项目的主要负责人，中国语言学会副会长，北京师范大学教授王宁说，《规范汉字表》的编制工作前后历时 8 年，很多专家参与，先后召开大型学术会、专题研讨会、征求意见会、鉴定会、审议会 80 余次，修改 70 余稿。

这个"表"都有哪些内容呢？王宁说，《规范汉字表》是对过去已有规范的整合与修订，包括：重新复查、确定了字级、字量、字形，对姓氏、地名、科技等领域的字作出补充，对简化类推作出严格限制，正体字与异体字的关系也做了一些必要的调整。

据有关专家透露，该字表一经公布，我国新生儿的取名用字必须从中选取，乱取名、取怪名的现象将得到遏制。据说，这个《规范汉字表》，是在1988 年的《现代汉语常用字表》和《现代汉语通用字表》等过去已有规范的基础上整合修订而成的，计有 8000 余字。

王宁也特别谈到，新生儿取名，更要强调用字规范。也就是说，不能再在"表"外找字，到康熙字典之类的古书上搞几个冷僻字了。因为人名用字也是社会用字的一部分，必须要符合汉字使用的规范，这样才是真正的保障姓名权。

取名字的字数受到了限制，是不是就不利于重名现象的克服了呢？王宁说，中国人的重名现象绝不是因为能够用来取名的字太少，十三经（在南宋形成的十三部儒家经典，包括《诗经》《周易》《论语》《尔雅》《孟子》等）不重复的字不到 6000 个；《全宋诗》收录了 18401 首诗，才用了 4520 个汉字。而今天的规范汉字达到 8000 多个，可以有无数种组合，取名字足够使用。

姓名用字困扰户籍部门和社会各界久矣。据公安部门透露，在此次换领二代身份证的过程中，使用目前通行的收字 7.6 万个的汉字国际编码，全国人口的姓名用字中竟还有大概 8000 个字找不到！而据专家研究，这约 8000 个字中，至少有一半是错字、别字。从这几年网民对这个问题的讨论上看，很有几个人不同意取名用字规范，说这限制了什么自由，侵害了什么姓名权。如果 7.6 万字的数量都满足不了求新求异者的需要，汉字的规范还有什么希望？我们只有承认了这 8000 个怪字、错字、别字，把 7.6 万变成 8.4 万，才算有了自由，才算保护了姓名权么？如果再有 8000 个无聊的人编造出 8000 个怪字作名字，我们就得把这 8.4 万再扩充到 9 万多。这样下去，我们的苦日子就算没有头了。你的什么"权"倒是保护下来了，我们因为你的怪名字耽误了时间，耗费了精力，影响了工作效率，你侵了我们的权，怎么办呢？

姓氏用字，也有我们想不到的滑稽之处。原来，目前我国 7600 余字的姓氏用字中，竟有 2000 个姓只有一个人在使用！据专家说，这些姓几乎都是生造或胡乱编出来，而并非历史传承的。连姓的规范任务都是这样严峻，这项工作的阻力也就可想而知了。

　　我认为，这件事情早就该做了。现在做虽说晚了一点，但毕竟已经开始。我们期盼着《汉字规范表》的早日出台，尽快把十几亿人从这些奇奇怪怪的姓氏和名字中解脱出来，腾出时间和精力干点有用的事情。

汉字简化回头看

汉字的改革，是中国文化史上的一件相当重要的大事。重要到什么程度，我以为其重要性怎么估计都不会过高。如果我们对这个问题有了临渊履薄的敬畏心理，这个事情就会办得好一些。关于汉字简化的成败利弊，议论也很多。现在，距离 1956 年《汉字简化方案》的出台已经半个世纪有余，距离 1964 年《简化字总表》的出版，也 50 多年了，对这件事情的得失利弊看得比较清楚了，所以现在很有必要盘点一下，总结经验教训，取得一些共识，以便进一步坚持成功的部分，改造不成功的部分，把简化汉字的工作做得更为圆满。现在很流行的一个说法，叫"文化自信"。谈到"文化自信"，我不知道离开了汉字，中国文化怎么叙述。

汉字简化这件事，现在回过头来看，到底有没有必要？是把事情办好了，还是搞糟了？这个问题，我估计"肯定派"要占大多数。汉字需要简化，汉字的使用者希望汉字越来越方便，这是几千年来中国人的共同愿望，"汉字简化潮"从古至今一直在民间涌动，许多简化字是各个朝代的老百姓在使用中创造出来的，我们的简化字在很大程度上不过是对这些成果的一个整理和认可而已。20 世纪的 20 年代，就有些学者向当时的民国政府提出了简化汉字的提案。1935 年国民政府的教育部还正式颁布了《第一批简体字表》，只不过当时的保守势力太大，半年后便被废止了。还可以举一个例子，那就是日本人对汉字的利用和改造。日本人使用汉字也并不是全盘照搬，而是融入了自己的智慧，对大量汉字予以简化。他们简化汉字的举措和思路，对我们也是有很强的借鉴作用的。我们的汉字简化工作产生了 2000 多个简体字，这些字的平均笔画是 10.3 笔，比原来的繁体字平均减少了 5.8 笔。有人举例说，"国庆献礼"四个字，原来是 60 多笔，简化后 32 笔，几乎是原来的一半。半个多世纪以来，我们受惠于汉字的简化，提高了学习效率、工作效率和生产效率，这些好处，虽然不易用具体的 GDP 之类的数据来表示，却是几乎每个人都能感觉到的。现在，新、马、泰等国家政府规定华人社会使用我们的简化字，联合国也把简化汉字作为中文的规范字体，成为国际标准。随着国势的强盛、国家经济的活跃，汉语的辐射力越来越强大，以简化字为主体的汉字系统将对弘扬中国文化做出越来越大的贡献。

那么，为什么还有些人对汉字简化提出了十分尖锐的批评呢？我以为，一方面这是因为简化汉字中不妥的部分问题太明显，在不少情况下已经造成了麻烦甚至一定程度的混乱；另一方面，汉字是每天都在使用的东西，简化汉字中的一些问题频频折磨你的神经，问题的严重性就会得到放大的效果。这些问题长期得不到解决，就令一些人一叶障目，把这些问题归咎于整个简化汉字的举措。如果能及时地把这些不妥的地方纠正过来，也许能够更好地维护汉字简化的成果。

那么，这里都是一些什么样的不妥呢？我们从中国社科院原副院长江蓝生的讲话里见到这样的概括："……在改革中指导思想上有急于求成、片面求少的倾向。为了尽量减少字数，减省笔画，较多地采用了同音替代、合并简化、偏旁兼职等简化方法，导致了汉字使用时的多种不便。"这恐怕是多年来形成的一种共识。

江蓝生所列举的几方面问题，归纳得也比较准确，我们择其要者议论如下：

（1）多义字增多。把"余"和"餘"合并成一个"余"，在"余生无多"这句话中，我们就不大容易判断其中的"余"是"我"还是"多餘"的"餘"。还有，有的学者举出"背"和"揹"合并造成的混乱。有的论者举出"我背着妈妈"一句作为例证，如果缺乏必要的语境，我们无法判断，"我"到底是在后背上"揹"着妈妈，还是背地里"瞒着"妈妈不让她知道，因此也就不知道在这里的"背"到底念阴平声，还是念去声。有人举出一个更为典型的例子："背负着人民的希望"。这是《解放军进行曲》中的一句，在有"揹"字存在的时候，本来是没有问题的，现在没有"揹"了，只好"背负"，而"背负"是"背叛"的意思，这种歧义是不是"歧"到原意的对面去了？

（2）多音字增多。"干"字吞并了"幹"字，吞并了一半"乾"字（也就是"乾净"中的"乾"字）。这样，"干"字一会儿读去声，一会儿又读平声，"幹部"中的"幹"是它，"干涉"中的"干"是它，"乾净"中的"乾"也是它。最闹心的是，"乾"字并没有因此而被简化掉，在"乾坤"中它又出现了（当然不读"干"），这使得人们怀疑"干"字吞掉一半"乾"字到底有多大的必要。一个简化字兼职太多，还出现了一个始料不及的后果：内地人为了迁就港台地区的需要，把简化字"还原"为繁体字时，由于缺乏繁体字的知识，就不知道把简化字给"还原"到哪里去了。年轻人不知道"云""后"是原来就有的字，于是就出现了"不知所雲""皇後"这样莫名其妙的写法。由于"發"和"髮"都被简化为"发"，不知"髮"为何物的年轻人便把"发廊"还原成"發廊"了。中国作协有一本会员杂志叫作《作家通讯》，上面经常刊登作家的墨宝，搞书法是喜欢写繁体字的，于是，我们就看到岳飞的《满江红》中"怒發冲冠"等惊人之语。

（3）形似字增多。其中最不能容忍的是"设"字和"没"字的设计。人们在书写过程中，几乎没有一个人没被它们困扰过。靠意义和语境去区分也没有用处，因为"没法"和"设法"都是常用的词组。"我们设法跟他们取得联系"和"我们没法跟他们取得联系"，意思满拧，你说误事不误事？

（4）有些简化字的设计方案不够慎重，令人们在文化心理上不肯认同。姓氏，是个比较严肃的汉字，"赵"字出现了一个"叉子"，姓赵的人不喜欢是有道理的。姓"萧"的"萧"变成了"肖"，肯定也不会受到欢迎。还有，汉字作为"方块字"的概念，已经成为民族文化审美的心理定式，这一点日本人在简化汉字时还是比较留神的，而我们的简化就选用了"广""厂"这样在结构上看很不稳定，甚至根本站不住的汉字。

有学人概括了汉字简化留下的十大遗憾，诸如"音符的随意简化使一些汉字失去了或者误导了表音功能，大大降低了汉字的可识别性"，"随意创造新部件，无规律可循"，"形体丑陋"，"偏旁合并和同音合并力度太大，造成字义混乱"，等等。毫无疑问，学者是热心的，负责任的，意见也是颇中肯綮的。

现在盘点一下汉字简化的得失，并没有全盘否定的主观意图。任何一种改革，总是有激进一点的，有保守一点的，你很难说谁就更正确一些。历史经验表明，没有一点冲劲，就难以迈开改革的步子。何况，依当时上上下下的普遍认识，汉字是迟早要走拼音化道路的，所以多一点同音字，根本不在话下，也许还为日后的拼音化做了准备了呢。使用拼音后，不就都成了同一个拼法了么？在笔画方面，当然也就会出现"越简越好"的极端，连汉字的源流和演进过程都一概不管了。以今观之，当时的"不妥"，亦皆其来有自，无可厚非。只是现在，既然知道拼音化不是必须实行的，汉字也是消灭不了的，简化也不是越简越好的，就应该想办法调整一下，使我们简化汉字系统更为科学、更为合理。其实这种纠正，也很简单，一是要把不像汉字的简化字搞得像个汉字，二是尽可能地做到"一对一"的简化，把容易引起麻烦的同音字各自归位，在自己的位置上简化。当然，这种事情的改动，牵涉面太广，必须反复切磋，力求万无一失，然后才能一锤定音，对外发布。如果匆匆忙忙，弥补了一些漏洞，却又留下了新的麻烦，就不值了，总不能在文字大政方针上朝令夕改吧？另外，出于国家统一的大局考虑，为了便于同仍然使用繁体字的港澳台同胞交流，在向港澳台同胞宣传简化字的同时，也要让我们的大中小学的学生认识繁体字（不要求会写）。在涉及汉字改革的重要研讨活动，也应该邀请港澳台专家参加，并及时收集他们的意见。日后的决策，也应该是有一个大中华的广阔视野。这件事情做得好，对中国文化的传承和对祖国的统一大业都有很深远的意义。

有一个不容忽略的文字使用现状不能不予以考虑，那就是电脑的普及使得汉字的繁简对日常使用已经不是什么严重的问题了，不管是笔画输入法，还是拼音输入法，人们都能十分便捷地使用汉字写作，相比之下，汉字笔画的多几笔还是少几笔，已经不像手写时代那么重要，在这种时候，注意把汉字简化得更为科学合理，显得更为要紧。

最后，还应强调，应该维持汉字的稳定，不能再随心所欲地"继续简化"了，包括不搞"偏旁类推简化"。《简化字总表》公布时规定的"简化偏旁"只用于"总表所收的字"，不得在范围之外搞"类推简化"。如"马"旁的字，总表有 61 个，而《说文》"馬"旁字 116 个，《汉典》上能查到 365 个。除了总表 61 字，其余均维持繁体，不能用"马"旁类推。由于现在电脑设备造字方便，有些字典（如《字海》）和电脑字典，还有一些报刊，不守规矩，随意类推，制造新的麻烦。

叫人无奈的荧屏字幕

一提起电视上字幕的错别字，大家都摇头不已，多有无可如何的慨叹。一叹它的顽固，多少年来，刀枪不入，哪怕原广电总局在 2005 年专门发了《关于加强电视节目字幕播出管理的通知》，也没有什么用，依然是我行我素。二叹它的覆盖面之广，从谈话节目到电视剧，你想找到一个没有错别字的电视节目，也难。连央视春晚这样重要的节目，也有错字出现。有人统计过，2006 年的央视春晚，字幕差错高达 28 处。2007 年初，《咬文嚼字》杂志主办的"请给荧屏亮分"活动一年，10 万观众找出了 2 万多条错误。12 家电视台，一个月出现近 300 条错误，一天 10 条。三叹错得难以容忍。报刊上也会出现一些容易用混的错别字，但电视字幕谁也比不了，它不仅差错率高得惊人，而且错的性质大都比较初级，多是些稍加注意就可以避免的错误。这样的错误屡屡出现，久不改进，令人百思不得其解。

荧屏字幕的错别字，大致可以分以下几种情况：

第一种，录入员用拼音输入法打字所产生的同音字。例如，"感慨"打成"敢慨"，"虽然"打成"随然"，"在乎"打成"再乎"，"作为"打成"坐为"，

"这笔钱"打成"这比钱"等等，都属于这种情况。如果录入员能够稍微用点儿心思，打完字检查一下，就可以改正过来。如果能在电脑里装上比较先进的能够组词乃至成句的输入软件，这些错误大多也是可以避免的。用五笔字型录入，也有形近字出现，但这种错误频率不高，暂不讨论。

第二种，对谈话节目中人物的语言捕捉得不准确。一个人在节目中说"咽喉"如何如何，录入者听成了"烟盒"，也就打成了"烟盒"。如果他能用心地听听讲话者说的内容，也就不至于打成"烟盒"了。

第三种，录入员文字功底不够，不知道某些书面语汇的正确写法。像"认罪服法"的"服"常常被打成"伏"，"走投无路"打成"走头无路"，"至理名言"打成"至理明言"，"戴罪之身"打成"待罪之身"，"变本加厉"打成"变本加利"，"黄粱美梦"打成"黄梁美梦"，"重叠"打成"重迭"，"改邪归正"打成"改斜归正"，"天翻地覆"打成"天翻地复"都属于这种情况。近日看于丹讲《论语》，于丹口中说的是"至圣先师"，字幕上出现的是"至圣仙师"，这多半是录入者自作主张的结果。但也有例外，于丹讲《庄子》，说"庄子何其人"，字幕当然也只好打上"庄子何其人"。让录入员纠正教授的错误，怕也太难为他了。

第四种，电视剧本上本来就是错别字。由于编剧的文字水平不高或者过于匆忙，人物的对话常有文化知识、历史知识和语言文字方面的错误。字幕把剧本上的对话原样搬过来，似乎是其来有自，责不在己。其实，这个借口并没有说服力。电视剧本，大多是内部拍摄使用，并没有发表，所以它并没有机会误导观众。字幕是第一次出现在观众面前，我们只能看这第一次正式发表的文字是否正确。不管错误发生在哪一个环节，追究责任的"板子"，第一下应该打在字幕的"屁股"上。

第五种，某些方言词语的写法本来就没有明确的规范，电视剧人物对话中出现的方言词语，难免出现一些错字。比方说，电视剧《闯关东》中有个人物，人称"张驮爷"，其人有个绰号，叫作"张咕"。"张驮爷"被打成了"张垛爷"，不管是字幕打错了，还是剧本原来就写错了，肯定是错了。"驮"字作为动词，表示"用背部承受物体的重量"，念"tuó"，作为名词，表示"牲口驮的货物"，念"duò"。而"垛"，无论是作为动词还是作为名词，都与牲畜驮东西没有关系。至于"张咕嘟"的"咕嘟"，就不好说是对是错。东北话"gù·dong"，是表示一个人表面上不声不响，实际上却颇有心计。这两个字在《北京土语词典》里被写成"鼓动"，解释成"怂恿、撺掇、教唆"的意思了。这两个音节很可能是满语，本来就没有固定的汉字来表现，也许用"固东"两个音来表现更贴切一些，但你不能说"咕嘟"是错的。

字幕的问题到底怎么解决呢？没有什么锦囊妙计，只能重申众所周知的老办法。

一是把这件事情重视起来。错误这么多，又屡教不改，主要是没有把电视上的字幕当一回事。制作者的心思都用在节目的内容和声画表现上。这并没有什么不对，观众看电视，当然最看重的是画面和声音，字幕再正确，声音和画面一塌糊涂，观众就不如去看小说了。字幕比起声画来好像次要一点，但作为一个完整的艺术品，次要的部分也要完美无瑕才好。一碗香喷喷的米饭，吃一口有几颗沙子硌牙，怎么会不影响吃饭人的情绪？你不把字幕当一回事，也就是没有把观众当一回事。一个厨师，根本不考虑吃饭人的感受，不听吃饭人的意见，这种饭馆还能开下去吗？

二是提高有关人员的语文素质乃至综合文化素质。搞电视的人，大多是搞艺术的出身，即便是有几个搞文字出身的，也都顾不上去推敲文字了，他们觉得有更重要的事情去做。于是，字幕的活儿，就分配给几个文化不高的录入员了。提高录入员的文化水平，有三个办法可行：①加强对原有录入员的培训；②调换文字水平高一些的人管字幕；③聘请退休文字编辑或者中学语文教师为字幕把关。

三是加大奖惩力度。我以为，如果奖惩制度坚持得好，效果马上就能体现出来。一份报纸，一天编发几十个版，每个版面都有几千字，可是错字很少，这除了文字编辑有严谨的传统作风外，和奖惩制度也有关系。国家出版署对出版物有差错率低于一定标准的底线，各家新闻出版单位对出错都有严厉的处罚措施。电视界如果也认真坚持这一套，也会有一定的改观。但可以预见，变化不会太大。现在有些电视台也在实行"错一个字罚几十块钱"的办法，但谁也不在乎，效果不大。有的单位罚的面太小，只让录入员承担责任，他当然不会服气。而如果各级管事的人人有份，每个人象征性地扣几十块钱，还是没有人当一回事。听说北京电视台规定，字幕错一个字，相关编导罚 50 元。如果一个电视剧出现 20 个错别字，要罚编导 1000 元钱。1000 元对一个农民工分量很重，可对收入数十万上百万的编导，1000 元罚款能让他受到多大的触动呢？你总不能为这点事罚他 10000 元吧？

权衡利弊，我以为，最有效的办法，只有组织专人来专管之一途。每家电视台聘请一批语言文字方面的行家，最好是退休的书报刊的文字编辑或者中学语文教师，这些人分成两班人马，一部分坐在电视台，组成几个小组，把即将播出的所有带字幕的节目都审查一遍。审看者的报酬，除一定的保底额度外，以发现的错别字数量多少计算奖金。这些开销，无须另外拨款，全部从有关人员的罚款中支出。另一部分，坐在家里看电视，统计经过审查后仍然漏掉的错表字。这部分人的"计件"报酬，要高于前一部分人。如果前一部分人每发现一个错别字 30—50 元钱，这一部分人就应该得到 100 元钱，他们的报酬，从前一部分审查者的报酬中扣除得来。有了这个"连环套"的审查机制，我相信，能从根本上把荧屏字幕的错字消灭十之八九。当然，也可以考虑由电视台发起群众参与的"有奖挑错"活动。能第一个打进电话挑错的观众，每个字奖励 50 元钱。这样，一个经验丰富的文字工作者，在电话畅通的前提下，每个月都能有比较客观的收入。等到这几支审查队伍都挣不到什么钱了，荧屏错别字问题也就彻底解决了。

面对"配偶"称呼的失语

谁也不能否定汉语的丰富表现力，更不能怀疑国人运用语言的能力。可谁也想不到，小河沟里也能翻船。如果有人问你："你现在如何向客人介绍你的配偶？"你恐怕还是要踌躇一会儿。

配偶？丈夫？妻子？自然不是不可以，只是在口语中一般没有这样说的，这通常只在书面上使用。拙荆？糟糠？贱内？且不说酸得掉牙，女权主义者也决不答应。那么，把丈夫介绍为"郎君""官人""良人""相公"，把妻子介绍为"内子""细君""娘子""浑家"，行不行？肯定不行，这也太古老了。最后，只能是俗而又俗的"老婆"和"老公"了。有人会问："先生"和"太太"不是很好么？不是很好。"先生"的任务已经是过于沉重了，对男人的尊称是"先生"，教师是"先生"，看病的大夫是"先生"，看风水的也是"先生"。现在确实被有些人拿来做"丈夫"的替代物了，好像港澳台的同胞更喜欢这样做。由于有特定的语境，所以谁也不会把讲话人的丈夫同教师或者医生混为一谈。但像汉语这样一种历史久远、表现力丰富的语言，居然需要用"先生"来称呼丈夫，无论如何也令人于心不甘。至于"太太"和"夫人"，这一般是用在别人妻子身上的尊称,称自己的妻子为"太太"和"夫人",如果不是开玩笑,就显得很没有文化了。可就是"我太太""我夫人"这种不大得体的称呼,现在却有点大行其道了。眼下正在上映影片《南京,南京!》,其中范伟饰演一个被日本人杀害的中国人,他对日本人说:"我太太又怀孕了!"这里编剧和导演也让人物称呼自己的妻子为"太太"。如果"太太"和"夫人"不让用,我们似乎张不开嘴了。北方人还有一个虽说老旧却还可以照用的词儿:媳妇。小伙子们常常用亲热的口吻把妻子唤作"媳妇儿"。这称呼听着也不错,有点乡土味儿。"媳妇"是多义词,也可以认为是"儿媳妇",不过都有具体语境,用不着担心产生误解。不使用"媳妇"的中青年男性怎么办?只能用"老婆"凑合着?

困窘之际,又想起了大家使用了半个多世纪的"爱人"。"爱人"一词,到底语出何典,没有考证过。有人推测,始于郭沫若的《女神》,未知确否。但"爱人"先是在解放区流行开来,后来才普及到全国各地,却是一个不争之实。"爱人"这个词,从适用范围上说,可以认为是"配偶"一词的口语形式。男人女人都包括了。可惜,现在人们已经不大使用它了。不用的原因,有人说此词的含义比较暧昧,因为新中国成立前"爱人"差不多跟"情人"等义。

多年前,我曾经在刊物上读到一个因"爱人"一词而引起误会的故事。话说我国出访的一个代表团,在美国拜会了一个很有成就的华裔学者(好像也是当地的侨领)。见面后,代表团的团长很客气地向学者问好,接着又问学者的"爱人"好。没想到,学者大窘,顾左右而言他。团长以为学者没有听清楚,又郑重地强调说,国内朋友们特意要他转达大家对学者和爱人的问候。学者尴尬地笑道:"嗨,开玩笑啦,都这么大年纪了,哪有什么爱人?何况,我从来就没有什么爱人的!"这回轮到代表团的诸公狼狈起来:"老先生明明是有爱人的,怎么能当着儿子的面否认呢?"搞了半天,才弄明白,团长使用的"爱人"一词被误解了:团长意思指的是"夫人",听者理解的是

"情人"。

近些年来，"爱人"一词用得越来越少，"老公""老婆"又实在不雅，我们在社交中就面临着一个不大不小的一个新困境。老夫老妻的，向人家介绍时可以用"老伴"，年轻人呢？总不能说"这是我的伴侣"吧？你不妨留心一下，在这种场合，你和对面的朋友都使用什么词。

不仅是对外介绍没有词儿，夫妻间的互相称谓也乏善可陈。电视剧里常见有"老公""老婆"的大呼小叫，实际生活中这种神经病并不是太多。"亲爱的"这种酸词儿，年轻时写情书也许可以一用，过日子时时挂在嘴边，就有点叫人起鸡皮疙瘩了。宋美龄受西方文化熏染，对老蒋一口一个"达令"，这位贤妻的示范作用，似乎也不大管用，很少听说有人效法。我们周围的一些家庭，干脆就"老王""小刘"的喊来喊去。这当然也不是不行，但总觉得跟单位里的同事没有了区别，沦为同一待遇，体现不出特殊关系的亲切，未尝不是一种遗憾。还有就是"孩儿他爸""孩儿他妈"了，这不仅麻烦，而且也解决不了没有孩子的夫妻的问题。再细点儿琢磨，"孩儿他爸"和"孩儿他妈"以前可能是配偶，现在是不是，还两说呢。

这是多么简单的一个问题呀，十几亿的中国人，总不会被这点事难住吧？

青岛有 3305 个王秀英

前些日子在青岛，见到 2007 年 8 月 2 日的《半岛都市报》，其中有关于青岛重名问题的一篇报道（作者任金梅、于瑞红），很有意思。关于重名，我写过好几篇文章，但看到这些新鲜的、来自户籍管理第一线的材料，还是如获至宝。

报道说，青岛市户政部门公布了全市重名最多的前 20 个姓名。其中的"王秀英"，有 3305 个，稳居榜首。真不知道这个"王秀英"何以有如此大的魅力，不仅是青岛的榜首，还是山东的"榜首"，估计在其他地方也都会有骄人的位置。其他 19 个重名最多的姓名排序是：王伟、李娜、王秀兰、王磊、王涛、王超、王静、张伟、刘伟、张秀英、王秀美、王鹏、王秀花、李秀英、李伟、刘鹏、王秀香、王淑英。

户政部门还统计了目前儿童取名最常用的字，其中最常用的是"硕"字，有 2889 个。父母肯定不是期望孩子长得肥硕，估计还是想让孩子成为硕士吧？照理说，博士应该比硕士更受欢迎，可是 20 个最常用的字眼中，却偏偏没有"博"字。除了"硕"字，其他的 19 个常用字词是"鑫、昊、睿、浩、悦、凯、雪、宇、璐、佳、翔、超、帅、洋、琪、浩然、欣、瑞、琳。

在重名带来的麻烦一节，这篇报道有十分鲜活的例子。在有些单位，重名者不仅造成诸多麻烦和不便，还出现了一些故事和笑话。为了区别这些重名者，同事们就要在名字前面添加限制词，于是就出现了"大王伟""小王伟""胖王伟""瘦王伟""男王磊""女王磊"等叫法。这显然是叫者与被叫者都十分无奈的事情。最搞笑的是同单位的一个重名者突然去世造成的尴尬。青岛的一个派出所有一位于所长，一位同事跟他重名。这位同事在一次事故中不幸牺牲。消息传出后，许多亲友纷纷致电于所长家人表示哀悼，使不明真相的家人备受惊吓和煎熬。最难受的是，追悼会上领导在宣读悼词时，频频提到死者的名字，而每念一次，大家都会不自觉地看看在场的于所长，这个"活见鬼"的戏剧效果，让人们真个是啼笑皆非。追悼会的肃穆气氛也因此受到破坏，这是谁都始料不及的事情。这也是喜剧作家想都想不到的情节。报道中还提到，在查找犯罪嫌疑人时，出现重名情况，甚至户口所在地、出生年月都一样，不仔细核对，很容易放跑了坏人，错抓了好人，耽误了大事。

报道介绍了户籍工作者对重名原因的分析。一位户政处的领导谈出了三条原因。其一，我国人口多，名字就多，重复的概率就高；其二，时代烙印造成某个时期的重名高峰，如"解放""援朝""跃进""文革"等就是这种情况。其三，也是重名的最大原因，是家长的趋吉心理。汉字常用的吉祥字眼也就那么数百个，大家都挤在这里打转转，发生撞车也就不足为奇了。

令人略感不足的是，这篇报道没有对解决重名问题开出令人眼睛一亮的药方。报道只是介绍目前四字姓名逐渐增多。据说，青岛五岁以下的儿童中，已经有725人使用四字姓名了。据介绍，四个字的命名，已经开始展现创意，出现了花样。现在已经出现了"沈张正义""张弛有度""齐乐融融"这样的姓名。只是不知道如果大家都往成语上靠，是不是会造成新的重名浪潮。

我以为，四字姓名只能是解决重名现象的一种办法。中国数千年形成的取名习惯，还是三个字的居多。只要引导得当，即便是三个字，也可以尽量避免重名。另外，在面对重名问题造成不便时，我们的户籍部门没有拿出行之有效的补救措施，也颇觉可惜。新生儿报户口时，派出所应该有检索系统，看看小孩姓名的重名状况。同一单位、同一管区造成互相干扰的姓名，应该有协调的方案，或者加上区别性的标志，这标志应该比"大、小、胖、瘦"更醒目、更文明、更容易接受。

让外国学生彻底蒙圈的同音字

汉语中的同音字现象，有点独特。其他语言也有同音字，但绝不会像汉语的同音字现象这样普遍，普遍到谁都无法避开。妨碍了交际的时候，令人烦恼；不影响沟通的时候，也很好玩。

同一个汉字，由于意义不同或者语法功能有异，又碰巧在表述一段意思时挤在了一处，有趣的事情就发生了。这种句子，在口语对话中一点障碍也没有，但是一旦写到纸面上，就显得妙趣横生。这种句子我们乍一看，会吓一跳，甚至会怀疑是不是印错了，怎么会有这么多相同的字整整齐齐地排在一起？仔细一读，原来就是我们日常的口语中常说的，并非为了搞噱头蓄意制造的东西。这类句子我们可能司空见惯，但用来吓唬初学汉语的外国学生，还是有一定杀伤力的，这是些叫人不能不蒙圈的语言现象。

下面的五个例句是我从网络上信手摘下来的：

1. 今天下雨，我骑车差点摔倒，好在我一把把把把住了。

2. 来到杨过曾经生活的地方，小龙女动情地说："我也想过过过儿过过的生活。"

3.多亏跑了两步，差点没上上上上海的车。

4.用毒毒毒蛇毒蛇会不会被毒毒死?

5.校长说："校服上除了校徽别别别的，让你们别别别的别别别的你非得别别的!"

先说例句一。头一个"把"是量词，"一把"是一个动作，相当于"一下子"，语境里还有眼疾手快、动作敏捷迅速的意味。第二个"把"是介词，后面是可以带宾语的，第三个"把"是自行车的车把，正是第二个"把"的支配对象，也就是受事。最后一个"把"，就是动词了，把握、把控的意思。你瞧瞧，一个句子里的四个"把"，差不多把"把"字的主要词汇意义和语法意义都给囊括了。我说"差不多"，是因为"把"的意义和功能还有别的。

第二个例句稍微简单一些。刨去夹在中间的"过儿"这个人名，前面的"过过"，是动词的重叠，就像"试试""尝尝"一样，后头的这个字，是要读轻声的。这种结构也可以说成"过一过""试一试""尝一尝"。最后面的"过过"，读起来也是前重后轻，表示的是"过"的过去时态。"试过""尝过"都很常见，两个"过"走在一起，无论是看起来还是读起来，都难免要停下来琢磨一下，尽管这个句子确实没有什么毛病。写到这里，我忽然想，如果这个句子中的人名"过儿"改成"过过"，就像有的孩子叫"明明"或者"亮亮"那样，六个"过"连在一起，会更好玩。

第三个例句，如果改用"差点没坐上去上海的车"，当然就什么问题也没有了，但也一点趣味也没有了。好就好在一大堆"上"字挤在一起。最后面的"上"，是地名上海的组成部分，在这里凑热闹，是专门为了添乱的，可以不去管它。第一个"上"，是动词，"登上"的意思。第二个"上"，是补语，起着"过去完成时"的语法作用。第三个"上"，是介词，相当于"去""到""开往"的意思。

第四个例句，说得详细点，就是：用毒药下毒给毒蛇，毒蛇会不会被毒药毒死？头一个"毒"，是毒药，名词；第二个"毒"，是下毒，动词。汉语缺少形态变化，许多词都同时具有几个词类的属性和功能，这就是汉语词的"兼类"特点。每个兼类词的确切语法意义，只有在具体的语境中才能得到分辨和确认。

最后一个例句，也是最有趣的一个。这位校长要求学生们的校服上"别别别的"，只能别校徽。这要求没有什么毛病，但三个"别"字集中起来，就显得十分有趣了。这三个"别"，各有含义，凑巧都用同一个字来顶着。头一个"别"，是不要的意思，它本来也就是"不要"的合音，就像"甭"是"不用"的合音一样。第二个"别"，是用别针之类的东西，把一个小物件固定在另一个较大的物件上（多半是纸质或者布质的物件）。在衣服上别一枚徽章，徽章的别针要穿透衣服的纤维，用曲别针别一张纸条在书上，利用曲别针的弹性夹住即可，可见"别"字仅仅是用别针来做的这个动作，就有不同的做法。第三个"别"，就是其他了。

以上五个例句，我认为是热心人搜集在一起的，也许有的是为了好玩故意编造的，但因为句子都符合口语表达习惯，句子的意思也都是很生活化的内容，所以人工斧凿的痕迹不大明显。

上面五个例句中的同音字，都是用了同一个汉字。据专业语文工作者统计，以1997年版的《现代汉语词典》为蓝本，同音同形的词740组，1794个，约占全部词语的3.2%。这个比例并不算高。

其实，在同音字中，音同字不同的情况更为普遍。古汉语中，单音节的词占了多数，许许多多的汉字是同一个音，两个人交谈起来，难免有打岔的情况出现，这对交际很不方便。好在有特定的语境，加上对关键字的详细描述和确认，倒也不至于误事。现代汉语用大部分词变为复音节词（双音节词占主流）的办法，较好地克服了大部分同音词的困扰。

事实上，复音节词也不可能完全解决重音导致的干扰问题。你随手在电脑上键入一个词"jiashi"，你就会发现，电脑上至少会跳出来 10 多个词等候挑选：架势、假释、家什、驾驶、家室、家事、加时、加湿、家世、加试、假使、家饰、甲士……当然，说话的时候声调不同可以帮上大忙，语境的特定性也能排除多数不相干的词汇，但毕竟还是有干扰的存在。别的不说，单是同音词的键入需要翻页来选择"靶的词"，这对拼音输入的写作者来说，就是一个挺叫人头疼的事情。

同音词引起的误解，主要是在口语交流的场合。书面阅读的时候，人们面对的是汉字，而不是语音，所以即便通篇全都是同音字，也不影响理解。人们熟知的语言天才赵元任，就特意编了几个同音字的游戏文字，把同音汉字的文章做到了极致。篇幅所限，我在这里只引述一篇《施氏食狮史》以飨读者：

石室诗士施氏，嗜狮，誓食十狮。氏时时适市视狮。十时，适十狮适市。是时，适施氏适市。氏视是十狮，恃矢势，使是十狮逝世。氏拾是十狮尸，适石室。石室湿，氏使侍拭石室。石室拭，氏始试食十狮尸。食时，始识是十狮尸，实十石狮尸。试释是事。

看了上面这段文字，故事是清楚易懂的，但如果只听别人读，这一大片"shishishishi"下来，就是活神仙也会跪地求饶，再博学的教授也听写不下来。

生活中生动有趣的语言现象，永远都比想象的丰富。拼音输入的同音词会造成什么效果，你简直是想象不到的。下面购物者跟电商用手机沟通的小段儿，令人绝倒：

买家：掌柜，我选的这个诱惑吗？

店铺：诱惑？

买家：……我选的这个有货吗？

店铺：有货。

买家：有大妈吗？

店铺：亲，客服最大的 27 岁（冷汗）。

买家：有大码吗？

店铺：有！

买家：你能活到付款吗？

店铺：……（流泪）我尽量。

买家：我是说，能货到付款吗？

店铺：可以的。

买家：你们有尸体店吗？

店铺：亲，淘宝不让卖那个……

买家：我说的是实体店。

店铺：有的（流汗）。

买家：你们什么时候发火？

店铺：（发怒）差评的时候！

买家：我是说发货。

买家：一口气买了五件，能幽会吗？

店铺：……吃个饭应该还是可以的。

买家：优惠？

店铺：哦，没有。

买家：亲，给我保佑吧。

店铺：啊？我没那个神力！

买家：包邮啊！

店铺：不包！（流汗）（流汗）

买家：你们能发神童吗？

店铺：亲，我们是做正经生意，不贩卖儿童。

买家：申通啦！

店铺：嗯呢。

买家：我想吻你一下……

店铺：啊，这样不好吧？

买家：我是说，想问你一下……

店铺：俺求求你了，就别再打错字了！我心脏快不行了。（大哭）

（流泪）

人类要"委婉"到什么时候？

　　一位朋友要写一篇先进人物的事迹报道。这人物，事迹十分感人，本来自己是个盲人，却还带领一帮盲人搞起了规模很大的盲人按摩连锁店，经济上不但自立，还给许多盲人创造了就业机会，还为慈善事业出了不少赞助。在精神上不仅为残疾人树立了榜样，还鼓舞了许多身体健康的正常人，实在应该好好宣传一下。但是问题来了：这位先进人物的最大亮点，是身残志坚、自强不息。那么，"盲人"两个字能不能上标题？按理说，应该上，因为这是最突出的一个特点。《一个比明眼人还能干的盲人》《谁说盲人不能创业？》《心明眼就亮，盲人照样创辉煌》，这些作为标题，我以为都不错。可是朋友说不行，"盲"是个身体残疾，大家都尽可能讳言的，怎么还能上标题呢？最后我给想出了一个题目，终于把"盲人"二字回避掉了，叫作《她不是看不见，而是比别人看得更清楚》。

　　由此，我想到了社会语言学上的"委婉语"。这该是语言学上最有趣的现象之一了。放着清清楚楚的词不用，简洁明快的话不说，偏要拐几个弯子，弄出一个含含糊糊、似是而非的说法凑合上去。这么办，就皆大欢喜；不这么办，你就是没礼貌，没教养，就是不文明，甚至就是野蛮。在西方某些国家，不搞委婉，得罪人算是轻的，闹不好还要被起诉，说你蔑视人权。

委婉语的出现，其原因主要是人们不愿直接提及那些使人尴尬或者不快、招人厌恶或者令人恐惧的事物，于是便采取比喻、借代、迂回、缩略和叶韵等修辞手法加以"美化"。这是古今中外罕有例外的"塔布"现象，大家都在那里躲闪着不愿意触及的事物。近些年来又有了一些新的花样，英语中出现了追求"政治上正确"的各种努力，这就使得英语的委婉语大批量产生，弄得人们应接不暇。

有的语言学家把委婉语分为政治与军事、宗教神明与魔鬼、个人与社会、死亡疾病残疾与自杀、性与性病等五类。我们在文章一开始讨论的"盲人"属于第四类：死亡、疾病、残疾与自杀。残疾人的患病之处，就是大家忌讳之点。古代把失明的人称为"瞽者"，现代人称之为"瞎子"。"瞎子"不好听，改为"盲人"。现在认为"盲人"也有点不便张口了，于是，在英语世界，改为"弱视者"。其实，这个"弱视者"的说法，很不准确，因为我们通常说的"弱视者"，还是有一定的视力的，而盲人则是彻底失去视力的人。但是现在要的就是这份含糊。这么一含糊，说的人和听的人就都觉得方便了，说起来顺畅了，盲人自己听着也很舒服，他决不会急不可待地纠正你的"口误"，强调自己是个啥也看不见的盲人，除非在民政部门体检，事关伤残定级的时候。

我们接触最多的，除了第四类，还有第三类和第五类，也就是"社会与个人"和"性与性病"。第五类"性与性病"的概括有点偏窄，似乎说成"不雅与不洁的事物"更好一些。这样，就把与性有点牵连又不是很直接的事物，以及与排泄之类不大洁净的事物都囊括其中了。委婉语本来是个不得已而为之的语言现象，从使用的角度来说，应该是越少越好，可实际上，在有些时候、有些地方，委婉语的实践不但不少，甚至还有"扩大化"的倾向。比方说裤子，你就大大方方地说"裤子"不就完了么？不行。几百年前的英国，上流社会里假道学和神经过敏者太多，一提"裤子"，可能立马就会联想到与裤子挨得最近的某个器官（真是对不住，我在这里也把"生殖"两个字给委婉了一下子）。于是当时的人们就会这样可笑地谈到裤子："我买了一条不能够描写的东西""他穿了一条绝不可以提及的东西""供你垫着坐的东西"。裤子招谁惹谁了？干吗非要同对某个器官的想象捆绑在一起？这事儿太荒唐，所以现在英国人对裤子也不再"塔布"了。性事方面的用语，委婉一下还是有必要的。于是，英美人就有了把做爱说成"交流"的委婉，把乳房说成"双城记"，把梅毒和艾滋病说成"社会病"。最可乐的是性事方面的委婉，英美人和法人之间互相"以邻为壑"。由于英美人处处戏谑法国人，避孕套被称为"法国函件"，黄色图片叫"法国出版物"，口淫叫"法国方式"，梅毒也被叫作"法国梅毒"。于是法国人以牙还牙，他们把春宫明信片称为"美国明信片"，把避孕套称为"英国大衣"，把性虐待狂称为"英国文化"，把梅毒回敬给英国，称之为"英国梅毒"。

不洁而又不能不说的一个生理现象，是排泄尿液和粪便。对这个动作本身，中国人和外国人谁也难以取消，却一无例外地都在努力避而不提。"拉屎撒尿"的说法，轻易不能出口，要代之以"大便小便""大解小解""上厕所""方便"等说法。现在，这样说也不成了，要说成"出去一下""去打个电话""去洗个手"等等。"厕所"也变成了"卫生间""洗手间""盥洗室""休息室"。以后会不会继续变下去呢？还会变。以"厕所"为例，"厕所"，顾名思义，原来也就是在房屋侧面搭建的一个小房子，"茅房"也就是在院子里用茅草搭建的一个简易的建筑，都是为了排泄用的。而当排泄物的气味同"厕所"和"茅房"紧密地联系在一起的时候，人们就要设法摆脱这种词了。"洗手间"目前看，气味还不是特别的浓重，但是好景不长，它正式取代了"厕所"之日，便是它逐渐要被解除"职务"之时，因为这时候，"洗手间"这三个字肯定已经变得臭味扑鼻。人们要躲避的，本来是那个讨厌的事物本身，然而，既然这事物本身无法摆脱，反映这个事物的语汇便要代人受过，不断地被更换，永无宁日。用"弱视者"取代"盲人"也是同理。如果"弱视者"三个字逐渐地等同于"失明者"，人们一定会另外找出一个更含糊的词来替代"弱视者"。人们讳言的是"失明"这个现象，既然这个现象不可能彻底消除，大家也只好拿词语出气，不断地更换，能模糊一会儿算一会儿。等模糊的逐渐变清晰了，再新找一个模糊的换上去。

有人说，"政治上正确的词语"词典变得越来越厚了，因为越来越多的集体在施加压力，越来越多的人感到自己受到了冒犯。于是，在英语世界里，我们看到，对"矮子"你不能说人家是矮子，要说就说成"个子不高的人"；胖子也不能说"胖子"，要说成"身体宽大者"或者"身体宽度弱势者"。不能说"穷人"，得说"财政弱势者"；也没有老人，只能说"在岁月顺序上排在前面的人"。妓女叫"性工作者"，清洁工的名称是"卫生工程师"。连不诚实的政治家也不能提了，得叫"道德迷茫的政治家"。这些曲折的用语，有些显出人性的厚道，有些让人感到有点走火入魔。

存在的，就是合理的，某种事物既然出现了委婉语的说法，就可能产生了这种需要。有些需要，我们没有身临其境，不能准确理解，那就设法理解，而不能武断地否定它。比方说，在美国，你不能把一个黑人称为"黑人"。说了"黑人"这个词，据说会被认为是一种侮辱，可以叫警察的。这个词，新闻里不能提，社论里不能写，文章里实在避不开，就把它缩写成一个字母"N"。作为黑人集体，现在可以称之为"美国非洲人"或者"非洲裔美国人"。这是 2004 年 9 月 19 日的墨西哥《纪事报》上的一篇文章中说的。据从美国回来的人说，中国人之间讲汉语，说口头禅"这个那个"的时候，也必须多加小心，不要被旁边的黑人听到，惹上麻烦。因为"那个（音同'内阁'）"的发音就有点像英语的"黑人"，会引起黑人朋友不快。"塔布"给我们带来的不便，可见一斑。对某个超级大国，不说"霸权主义"而说成"支配主义"乃至"单边主义"，就显得平和多了。

有的语言学家说，当今社会生活要求快速、敏捷、准确，所以日常生活中倾向于不说那么多转弯抹角的委婉语词，而倾向于简单明了、坦率直白。所以预言委婉语词会日益减缩它的应用范围。我留心这个语言现象若干年之后，得出的结论是相反的，感觉是越来越悲观，因为事实是，人们委婉得越来越厉害了。也就是说，当代社会生活的快节奏，主要是体现在工作上。而在消费方面，人们是"食不厌精，脍不厌细"的。在物质享受上，精益求精，不怕费工夫，一块大钻石要磨多少个面，少一个面也不行。一道汤要熬多少个小时，也是少一个钟点也不好喝。在精神享受上，也是一样，委婉点，曲折点，费事点，怕什么，听起来舒服才是最重要的。这就是委婉语方兴未艾的深层原因。这也就是说，人类要同委婉语长期共存下去，只要有人类，就会有委婉语的存在。

国人语言粗鄙化源流初探

——从"傻逼""屌丝"等脏话的泛滥说开去

一、问题的提出

文章开篇的头一句话，是个温馨提示：读友随作者进入了肛肠科诊室参加会诊，对看到的痔疮引起的不适要有点心理准备。这痔疮就是脏话的举例。

近些年来，脏话、粗话在网络上泛滥成灾。人们不难想象，在一个生人环境里，裸奔的顾忌比熟人环境要少得多。但是，生人和熟人的界限也罢，网上和网下的界限也罢，口语与书面语之间的界限也罢，都是模糊不清的，所以从生人到熟人，从网上到现实中，从口语到书面语，界限可以很快被打通，污言秽语在人们日常生活中的流布，已经到了肆无忌惮的地步。

口语和书面语之间，原来似乎有一个若隐若现的网子，有点区隔，但并不严密。但是口语的粗话，已经日甚一日地浸润到书面语中间去了。教授的讲坛和学者的论文中，都有粗话闪烁其中。视频里有，网文里也有。交际中说粗话没有人管，网络上说粗话也没有人管。有关部门会出面管管纸媒。譬如新华社隔三岔五会发一个通知，规定哪些粗口是不能见诸纸媒版面的，有点像风化警察不许逛街时穿着过于暴露。但这只能管管纸媒体，在网络上，在口语中，裸奔者早已成群结队拥挤不堪了。

粗话、脏话大行其道，是整个社会的道德滑坡和素质下降的外在表现之一。与许多明目张胆地做坏事、做恶事的大案相比，这一逞口舌之快的小事，几乎可以划入忽略不计之列。但若察微而知著，便应看到，语言的粗鄙化已经到了百年来鲜见的恶劣地步。冰冻三尺非一日之寒，世风之倾颓亦非一日之功。人的普遍粗鄙化与粗鄙化背后的原因，都是值得我们认真考察和研究的。认真说来，粗鄙化的环境得不到较为彻底的改造，人的粗鄙化进程就不可能得到遏制，更不要说人的道德水准和文化素质的全面提升了。这就是扬汤止沸和釜底抽薪的不同。社会没有文明化，人没有文明化，语言也就文明不到哪里去。就像一个患了严重口臭的病人，你强行规定他不许呼出臭气，可能吗？

曾读过几篇讨论这个问题的文章，大多是就粗话本身做文章，这就难免有隔靴搔痒之感。语言的粗鄙化只是一个社会现象，现象后面的本质，是社会的丛林化甚至流氓化，是全民族的整体性道德堕落和羞耻感的泯灭。语言粗鄙化的后面，是人的粗鄙化，乃至民族的粗鄙化。"流氓化"的字眼很刺激，很难以令人接受。但举目四望，办假证的电话到处都有，电信诈骗，无孔不入，食品下毒，司空见惯，强拆血案不时发生，贫富差距之悬殊已经到了骇人的地步，这不是流氓化是什么？至少应该承认某些社会现象是流氓化进程的一个组成部分。

一个正常人在这样一个社会里生活，生气骂人应该是最合理、最正当的一种宣泄，这时候还没有骂人的冲动，要么是修炼到了一定的火候，要么是成了不可救药的脑残，能够在任何折磨中自我满足、自得其乐。人们心里普遍愤懑不平。有气又没有地方出，说几句粗话，骂几声大街，也算是一种宣泄。生气的环境没解决，空洞的号召就毫无用处；社会环境改善了，大家气顺了，人心向善了，语言也就渐趋文雅了。

二、语言粗鄙化面面观

前些时候，读了些文章，看了一些新闻图片和视频，很受震动。这是一些什么图片呢？是一些红旗招展、骂声震天的场面。楼上垂下来的一片片大红标语、人群中展开的一排排红色横幅，上面赫然写着："乐天，操你祖宗""乐天，我日恁娘"之类让人难以置信的下流口号。与此相配合的，是用轧道机滚轧韩国商品的镜头。我的直觉是：红卫兵又回来了。跟往年的红卫兵又有明显的更新换代的特征。在说粗话方面，当年一般红卫兵的粗野，也只是停留在"造他妈的反，滚他妈的蛋""砸烂某某狗头""油炸或者火烧某某""狗崽子靠边站"等等粗野的辱骂，好像还没有宣称用生殖器攻击谁的娘或者谁的祖宗。从声讨韩国的照片上看，现场有不少美丽的姑娘，她们打着这些"操"和"日"的横幅标语，也是一脸的怡然自得，甚至大义凛然。

这些丑陋表演，对乐天这家企业能否造成什么伤害呢？好像不能。受伤害的只能是中国人自己的形象。这样明目张胆地在公共场合胡闹，丢人现眼，却看不到有人出来制止，也令人颇觉讶异。

想"操"一家外国企业祖宗，只是近些年来中国人语言粗鄙化的最突出业绩。事实上，傻逼、装逼、牛逼、穷逼、苦逼、撕逼、逗逼、懵逼、愣逼、逼格、草泥马、屌丝、卧槽、尼玛、麻痹、马勒戈壁、我靠、然并卵……种种不堪入耳的污言秽语，早已经从市井无赖乃至网络帖子中大模大样地进入了普通人的日常口语，甚至开始污染神圣的学术殿堂，在传统纸媒上也时隐时现，似乎快要登堂入室，成为正常交际汉语的流行词汇了。在网上，一个因为不爽，气得直想骂人的家伙，他的表达是："我的胸中有一万匹草泥马奔腾而过。"从网上得知，颇具浪漫气息的花前月下的"约会"一词，已经快要被"约炮"取代了。宝黛的耳鬓厮磨已经大大落伍，简直是在瞎耽误工夫，还是薛蟠的"女儿乐"来得更直接、更爽快。记得前些时候，网上爆出一段视频，题目是《山西太原：高新区官员对投资方一分钟谈话九个"他妈×"》。这官员真是一个骂人的天才。你想，一分钟内的三五个句子中能见缝插针地、不犯语法错误地安排进去九个粗口，表达流利通畅，不打磕绊，这也不是谁都能做到的。近两年，我读过几篇学者写的分析世界经济形势和军事态势的文章，这些作者的精辟分析令人折服，但论文中不时跳出来的各种有关"逼"的粗话，又让我瞠目结舌（使用频率最高的是"牛逼"和"傻逼"）。我还听了两个很有成就、很有影响的学者的讲座视频。讲座内容很丰富，也很深刻，对时弊的分析和批判也深得吾心，但突然冒出的"牛逼"和"傻逼"等一堆"逼"的时候，我顿时也傻掉了，时髦的话叫"懵逼"了，像吃饭的时候咬到了两颗石粒，硌掉了我一颗大牙。一个女生到机场太早，只好苦苦地坐在那里五六个小时，她发微信说，自己是一个"苦逼"。当从一位我印象极好的一位女作家的文章中读到运用纯熟的"傻逼"和"撕逼"等流行词汇的时候，我真有一种欲哭无泪的感觉。

"屌丝"一词大约是 2012 年初开始流行起来的，比起"逼系列"来，就晚得多了。望文生义说"屌丝"，有两种解读：一种的意思是男性的阴毛；另一种是切成丝的动物阳具（做食材用）。从语源上溯源，有人说是从粤语粗口"屌死"或者"吊死"演化而来。有案可稽的说法，是指球星李毅的粉丝。据说百度贴吧里有个"李毅吧"，也称"D 吧"（帝吧）。李毅的粉丝原来叫"毅丝不挂"，后来改称"D 丝"。"D 丝"不知怎么，就过渡成"diǎo 丝"了。"屌丝"的对应物是"高富帅"或者"白富美"，跟对应物截然相反的，自然就是"矮穷丑"。"屌丝"的外文，对应的是"loser"，失败者。有人说，"屌丝"集自卑、辛酸、自嘲、恶搞于一身，用自我贬损、"自我设障"的办法，降低成功期望，以此来缓解巨大的社会压力。这种概括应该说还是比较贴切的。从心理学上看，人们在社会生活中被强梁的权力粗鄙地对待，无处说理，久而久之，便会因人格贬损而在心理和行为上发生"自鄙变态"。这种自我贬损通常是要找到一个作践自己的称呼。美国黑人找到了"黑鬼（nigger）"这个侮辱性的字眼，自己人呼来唤去的，使用频率极高，似乎成为这个弱势群体彼此联络的"切口"。但自己人说可以，白人如果用了这个词儿，那后果就会十分严重。有口吃毛病说起话来"那个那个那个"（"那个"音似 nigger）的中国人，在美国务必注意，一不留神，可能就会惹出麻烦。中国混得比较狼狈的可怜虫，也都是自己使用"屌丝"，用以自嘲，高富帅跑来叫叫看，让你吃不了兜着走。然而，这种自我贬损和矮化是有代价的。这种做法虽有钝化感觉的脱敏之用，甚至能博得外界的同情，但一旦习以为常，却可能变成真正的麻木和习惯性屈从，使自己成为万劫不复的侏儒。

"逼（屄）"是什么东西？不用解释，无人不懂。"屄"这个字，由"尸"和"穴"构成，足可会意，造字者匠心独具；赋以"bī"声，想见双唇之开合，亦有模拟象形之妙。屄，不管是实物还是文字，本来都没有什么见不得人的，这是女性生理解剖学上的一个器官，专司生育。人们不穿衣服的时代，光着腚走来走去，也没有什么丢人的，甚至公开交媾，旁人围观，也属正常。性羞耻是人类一大进步。性忌讳也是人类文明的一个标志。性忌讳的打破和性神秘的破灭，无疑是人类的一种倒退。

由"屄"变成"逼"（有时候是用英文字母 B 来代替），我最早的印象，是某位作家的小说里开始的，不知是否准确。这种同音假借，也是一种创造，就像"他妈的"变成"特么的""TMD"，"你妈"变成了"尼玛"，"肏你妈"先是变成"操你妈"，近些时候又变成了"草泥马"，"我操"变成了"我靠"或者"卧槽"，在视觉上或者听觉上不那么显眼或者刺耳了，大概是想表明我们在裸奔时也遮上一片树叶吧？

　　粗话中，"逼"字的构词能力奇强，只要你随便在网上转一圈，就会发现，各种帖子，简直是无人不说"逼"，无人不是"逼"，无"逼"不开口，无"逼"羞见人。如果你以为"傻逼"或者其他别的什么"逼"，都是在侮辱女性，那就大错而特错了。这里的"逼"，并非专指女性，而是囊括了一切人，无论男女老幼，都一概可以称之为"某逼"。觉得人家没脑子的，无论男女，都一律是"傻逼"；整天可怜巴巴的，那是"苦逼"；一时糊涂了，是"懵逼"；两个人打起来了，叫"撕逼"。请注意，"撕逼"并不一定专指两个女人互殴，更不是彼此专门以毁坏对方的阴道为宗旨。两个男人打架也是"撕逼"。使用频率最高的是"装逼"。"装逼"是什么意思呢？"装逼"是装体面、装绅士、装大个儿，是"示强"，跟北京话里面的"装孙子"的"示弱"正好相反。"装逼"这个词在构词法上有一些独特之处，前面的动词和后面的宾语的关系，与多数述宾结构有别。一般的述宾词组，前面的动词直接支配后面的宾语，譬如"吃饭"，当然吃的就是"饭"了。"装逼"不同，装逼者装的，不是逼，恰恰是为了提高"逼格"，摆脱"逼境"，才装成绅士的样子，其实应该说成"逼装"才更贴切。这个词告诉你，无论你怎么装，你还是那个逼，越装越逼，还不如不装。有些新词，中老年人跟不上，工具书又不可能收入，你只能糊糊涂涂地看下去。譬如"逼格"，你不查查百度，就不知道"逼格"是一个名词，意为装逼的档次、格调。有了逼格的概念，就给装逼的定量和定性研究提供了可能性。有"高人"早就说了："逼是一样的逼，装法有高低。"在网络上，可以找到"装逼指南"，有人会告诉你，为了提高逼格，起码要读哪些书，要大致弄懂哪些音乐，才不至于露怯成为让人嘲笑的"傻逼"。也有网友强作解人，硬说"逼格"与苹果手机的广告"bigger than bigger"有关。这就有点扯了。

　　如果以为"'逼'字结构"的词语都是骂人的贬义词，那你又错了。"'逼'字结构"的词语，在不同的语境中有不同的感情色彩，褒义用法也时常呈现，这就有点像鲁迅论"他妈的"时谈到的，"他妈的"有时候在父子之间的对话中使用，感情色彩极亲切，其效果大抵跟"亲爱的"差不多。我前些时候还读到"他妈的"作为极其强烈的赞美语境中的副词使用的情况。2017年4月的一天，著名法学教授贺卫方在西北某大学讲课，现场气氛相当热烈。讲座的主持人是贺卫方带的博士生谌洪果。谌洪果对自己崇拜的导师的赞美语言竟是："我想，这个时代，贺卫方、韩寒这些人，真他妈的有个性！"谌洪果是副教授，他在现代汉语中已经找不到比"他妈的"更有分量的副词来抒发他的炽热情感了。

污言秽语的褒义用法，不止一端。"'逼'字结构"中有"逗逼"一词，是说有幽默感的人，也是夸赞的意思。一个外祖母说自己的小外孙很搞笑，是个"逗逼"。"吹牛逼"是贬义的，但"牛逼"就不一定了，很可能是"了不起"的意思，是赞美感叹的一个极致。某人书法极好，就说"他的字很牛逼"，令人佩服。我见到一个视频，是易中天教授在讲话。记不得他是在谦虚，还是在哭穷，他说："我根本没有那么牛逼。"中国国力不断强大，网友也可以说"中国越来越牛逼"，这里没有丝毫对祖国母亲的不敬，是找不到比"牛逼"更豪迈、更痛快的赞语了。

有人会纳闷：粗话和脏话怎么可能用在赞美上呢？其实这是一个常见的心理现象和语言现象。有句话叫"喜极而泣"，说的是高兴到了极点，就泣不成声了。对孩子爱到极点，就叫"狗蛋""大臭""小鬼头"等名堂。姑娘对恋人表示亲昵，也不说"爱你"，而是说"死鬼""我恨你"等等，道理是一样的。与此不同的，用粗话赞美，还有另外的功用，那就是能迅速拉近与对话者的关系。我能当面跟你说粗话、脏话，说明我们俩的关系不同一般，绝不是虚头巴脑的，客客气气的，我在你面前是本色的，绝不装逼，坦坦荡荡，就像两个人可以一块去澡堂子洗澡，彼此可以祖裸相见，毫无保留。不能否认，说粗话套近乎，有点像合谋做坏事，对彼此间迅速打成一片，自有其奇特的效果。

说粗话、脏话不是从近些年才开始的新现象，哪个朝代的口语中都难免一些粗鄙的成分。《红楼梦》中，我们知道，凤姐骂道童、茗烟骂金荣、鸳鸯骂嫂子、尤三姐骂贾珍、薛蟠搞"诗词创作"，都离不开生殖器的。《水浒传》中梁山泊的好汉们一讲话也是"鸟"字不离口。从网上看到一则黑色幽默，说江南某小镇盛产一种九孔莲藕，用来炖汤，天下无双。于是市场上卖莲藕的都说自己的藕是这个镇的。如何鉴别莲藕是否正宗呢？办法很简单，你只要引逗卖藕的小贩张口说话，就能当场找到验证码验出真伪。你装作对产品的正宗表示怀疑，小贩马上就会回应道："捣你的姆妈，这怎么不正宗啊？"好了，你可以买了，有了这句"捣你的姆妈"，就证明此人是本镇的人，你就见到了正品合格证书，产品的正宗性也就不容怀疑了。这里，说脏话的人物和阶层还有场合都是特定的，薛蟠、茗烟会说，宝、钗、黛就不会说，李逵会说，宋江和林冲就不会说，宋徽宗在上朝的时候估计也不会说。等到所有的人在所有的场合都说粗话、脏话的时候，这个瓜基本上就熟透了。

民间口语中有些脏话，不奇，脏话的普及和对社会各阶层交际语言的打通和覆盖，才是令人震惊的事情。这也才是问题的严重性值得关注之所在。足球的国际比赛场应该是一个正式场合吧？北京的球迷会从始至终地呼"逼"不止，"操"声不绝于耳。上文说到的声讨韩国一家企业的巨幅标语上出现的"操你祖宗"，也是在大庭广众之下发生的。

三、语言粗鄙化探源

什么社会现象都有自己发生和发展的缘由。汉语的粗鄙化也有着相当漫长和复杂的背景。粗话原是粗人讲的，社会上的话成了粗话的世界，就说明人在粗鲁化，社会在粗鄙化、流氓化。这种判断很伤感情，很伤以"礼仪之邦"自诩了几千年的中国人的心。但是，如果我们的分析是从硬邦邦的不容辩驳的现实材料中得出的，就不应该有什么顾忌，伤心也就无法回避。一般来说，"粗鄙"这个词是个书面用语，较为雅驯，人们比较容易接受，"流氓"就不一样了，把普通人跟流氓联系起来，说社会流氓化，有打击面过宽之嫌，人们难以接受。社会管理者不会承认，承认了，自己就难辞其咎，似乎管理无能；自然人个体也断不肯接受：我好好的一个正人君子，怎么忽然地就成了流氓？这不是污蔑是什么？

那么，社会到底流氓化了没有呢？实话实说，社会流氓化的某些现象正在变得屡见不鲜。流氓化的一个主要特征，是没有道德底线，是无耻化。官员的贪腐公帑和收受贿赂，是最明显的无耻。官员们学历和学衔的造假，也是极其无耻的。收入是不能见人、不能公开的，学历是假的，那他还有什么值得人们信赖的？知识分子论文抄袭普遍，贵为院士者抄袭论文、伪造科研成果，时有所闻。农民种的庄稼、蔬果毒化严重，自家不敢食用。生产毒食品、毒牛奶的恶性事件，屡有发生。工厂制假、商人售假的一条龙服务人们司空见惯。制造假学历和各种假证件的广告电话号码，长时间覆盖着全国大小城镇的马路和建筑物。这足以说明假证市场的活跃和广阔。除了制假售假，连说话也多是假话。大炮任志强在电视主持人问他为什么人家叫他大炮时说："这是因为别人不敢放炮。如果所有人都敢说真话，我就不算什么东西了。如果大家都不敢说真话，突然发现有一个人说了真话的时候，他就觉得这个人是个大炮。要是所有人都说真话，怎么会有这事儿呢？"事实就是：大家都在那里说假话，忽然出来一个"任大炮"，要来说真话，这就有点砸场子、出难题的意思了。

流氓化的另一个特点是冷酷。冷酷其实只不过是无耻的一种表现，一种表情。心里已经无耻，表情何来温热？不断传来的强拆致死人命，幼儿园虐童，校园暴力，城管野蛮执法，绝望者血腥地报复社会，每年数量很大的妇女儿童的失踪，让社会各阶层的安全感已经荡然无存。人们面对着险象环生的生存环境，居然能漠然视之，毫不在乎，更说明人们经过长期的磨炼已经适应了互害和受害的环境，善恶观念和是非感已经粗粝化甚至早已丧失，对眼前人们被侵害的血淋淋的现实，一概不予理睬，只要自己一天能太平地活下去，就算赚了。这当然也是一种无耻，只有无耻，才能麻木，才有利于做到"适者生存"。

中国人的粗鄙化起于何时呢？有人把时间定在满人入主中原之后。我以为，时间定得短了，恐怕应该从元算起。一个游牧民族，屠杀了半个世界，在中国，把百姓分为四等，汉人是处于最下层的三等和四等。杀一个汉人，最多用一头牲口赔偿就可以了。百姓家里不许有刀，切菜要到村口，用树上拴的那把公用的菜刀。家里娶媳妇，头三天要给驻村的蒙古人睡。这种社会里的人，不麻木、不粗鄙怎么活下去？不仅粗鄙，还要愚昧颠顸到无耻的地步，才能适应，甚至甘之如饴。后果和烙印，至今仍历历在目。

下面，我想从人性的常理上探讨一下中国人语言粗鄙化的演化过程。中国是一个战乱频仍的国家。在这片国土上，过安稳日子的时候有，但不安稳的时候似乎更多。战乱让百姓们颠沛流离、食不果腹、衣不蔽体乃至生灵涂炭。这种生存状态下的人，让他心情愉悦，语言斯文，不大实际。再说交战双方的士兵，每日在生死线上挣扎，心里充满了对敌人的仇恨，还有对生存环境中的诸多不满，你让他像英国绅士一样，举止言谈都十分文雅，连咒骂敌人也不吐一个脏字，恐怕很难做到。据说，美国的巴顿将军粗话不离嘴，常常让人引为笑谈。其实，你随便翻翻各国将帅的传记，在激烈的敌我交锋中，指挥官还像贵族聚会一样斯斯文文的，肯定不多。那么，革命队伍中的革命战士，是不是情况会很不一样？根据我们所了解的历史，答案是没有什么不同。电视剧《亮剑》中的李云龙这个形象光彩四射，他的一个突出特点就是说话粗糙一些。但一旦让他文雅起来，他的真实与鲜活就打了折扣，形象也就没有现在这样可爱了。

语言这东西，是长时间约定俗成的交流工具，骂人的话也大体上有彼此都熟悉的套路，你即便想规定一套文明的骂人用语，也是行不通的，因为没有杀伤力。再说，参加革命队伍的主要力量，是社会最底层的穷人，无业游民、啸聚山林的好汉，青皮牛二也难免混迹其中。这些底层人的文明程度都不会太高，不管是语言和行为，都以破坏性为其特色。当然，革命队伍能够改造其中的许多人，但要求一支跟敌人作战的队伍在向敌人射击的时候讲话还能保持温文尔雅，总感觉不大真实，也不近情理。

1949 年以后，政权是以无产阶级领导和工农联盟为标榜的，各级主政者就是刚刚脱下战袍的军官和士兵，所以社会风尚是以"大老粗"为荣、为傲的。你的言谈举止越粗鲁，才越像一个革命者，举止斯文是要被嘲笑的，说这些都属于小资产阶级。越穷越光荣，穿着光鲜被鄙视，满身是补丁才有面子。这就是当时的社会风气。

社会风气的形成，是上下通力合作的结果。上有所好，下必甚焉。揆诸社会的管理者，发现他们也是出言无忌的。贵为中华民国的总统，蒋介石有一个"娘希匹"的口头禅，是国人都熟悉的。无产阶级的革命领袖也有说俗话的时候，在自我检讨时，人们常有"夹着尾巴做人"之类的话语，表示谦虚谨慎之意。其实仔细想来，夹着尾巴只能做狗，哪里能做人呢？还有看不上某人，说成"不鸟他"（也写成"不尿他"），大家说惯了，已经不觉得这话粗鄙可憎了。手机上引诱你点击链接，也不说点击，而是请你"猛戳"。一个手机屏幕，有什么好戳的？风气败坏了，举手投足，只言片语，都透出俗气。人们已经习焉不察了。

除开社会的影响，具体考察各阶层人士的深层心理结构，自尊的泯灭，是粗鄙化的一个重要心理根据。由于种种原因，尤其是极左势力搞的各种政治运动，摧毁了人仅有的一点尊严。一个人，有没有强烈的自尊，说话的方式和内容是不一样的。在底层为生存拼搏的人们，自尊感谈不上，挫折感倒是很不缺乏。"屌丝"、"P民"和"傻逼"之类的粗话，其实主要还用来自嘲的，但也不可否认在自嘲中有不满的呻吟、消极的抗争。自己拼命挣扎，还是混得灰头土脸，不是个"屌丝"是什么？"逼格"提得再高，还是一个"逼"，还是个"P民"，离做人还远着呢！这里的怨怼指向也是十分清晰的，只是因为比较粗鄙，比较曲折，不显得过于尖锐而已。这些人处境改善之后，情绪自然会转化，文明程度也会逐渐提高，爆粗口的现象就会逐渐减少。

出现恶劣情绪，是人们常碰到的情况，如何处理就见出了高下。就像在马路上的人忽然有了尿意，是就地解决还是找个厕所，就看出了人的文明程度的高下。顺便指出，自媒体的出现，使得每个人发表意见的门槛变得很低，语言的基本审核都没有了，一些自身素质不高的作者急于推销自己，又缺乏有质量的内容，于是剑走偏锋，以污言秽语吸引眼球，以求"出奇制胜"，也是一个不能忽视的网络现象。

切近地说，语言的粗鄙化正是当下中国社会生态与民众心态中焦灼、愤懑的戾气的鲜明反映。有的学者指出，对于一个积累了太多莫名仇恨的社群来说，发火和粗口谩骂只不过是这些仇恨的表面现象。仇恨使人在情绪上失去理智，也在语言上失去把持。在这样的情况下，污言秽语是人类疏泄恶劣情绪的一种不可或缺的管道。这种心理上的宣泄，从效果上说，有益于健康。如果一个百姓遇到欺侮却求告无门，他不敢铤而走险去玩命，就只好说几句粗话泄泄愤，出出气。骂人只能说格调不高，但还比较安全。

四、粗鄙语言存在的"战术意义"

有一句大家都十分熟悉的话，叫作"辱骂和恐吓绝不是战斗"。这话大致是不错的，那就是说，"辱骂和恐吓"是旁门左道的"下三路"，也成不了什么大事，不会有大的战果。就像我们常说的，批判的武器不能代替武器的批判，更何况这武器也不大像样子。但完全否定了"辱骂和恐吓"的作用，就不能解释为什么这东西一直深受人们喜爱。"辱骂和恐吓"并非毫无杀伤力可言，被骂的人很不舒服，很生气，这本身就是"战果"。被"骂死"的情况，从古至今都有不少例子。王朗到底是不是被诸葛亮活活骂死的，已经无法考证，但一阵辱骂让一个心脏病患者当场气绝死亡的个案，从古至今都不罕见。更何况，詈骂本身表明了自身的态度，发泄了愤怒，平复了情绪，有利于自身的健康，有利于局面的稳定，其效果也比较正面。因此，"辱骂和恐吓"这类武器在战斗中的位置和作用，并不是不可以讨论的。认真说来，詈骂有没有战斗力，从来也不是个问题，因为古今中外，互相对骂的战斗从来都没有停止过（古人两军阵前的"骂阵"，何尝不是交手前热身的重要步骤？），真正值得人们关注的是攻击对象"选得准不准""骂得对不对"和"骂得好不好"。

既然詈骂是一种战斗，那就不能不讲究武器和战法。古人骂人，"竖子""豚犬""腌臜泼才""而母，婢也"或者"中寿，尔墓之木拱矣"都是重量级的武器，但现在拿来使用，就像说外语，对方听不懂，根本就没有杀伤力可言。那么，解恨又能激怒对方的，差不多就只剩下彼此"心有灵犀一点通"的性事和性器了。

用性器和性事骂人，本来是不值得肯定的，但揆诸现实，也需要具体情况做具体分析，给走投无路、义愤填膺的人一个一抒胸臆的空间，否则人就活活被憋死了。我想举几个人们都喜欢的正面的人物，被现实逼得不得不说粗话的例子。《平凡的世界》得了大奖，但路遥没有钱买火车票到北京领奖。他弟弟四处张罗，借到了钱，在把火车票交到他手上时说："你今后再也不要获什么奖了，人民币怎么都好说，如果你拿了诺贝尔文学奖，去那里是要外汇的，我可搞不到！"路遥百感交集，骂道："日他妈的文学！"路遥骂的是谁，不知道，但肯定不是文学。再说一个陈忠实的例子。陈忠实的《白鹿原》得奖后，据说一个什么领导对他做了指示："《白鹿原》之后你咋不写啦？你要体验生活嘛，要学习讲话精神，要深入群众嘛……"陈忠实的反应只是嘟囔了一句话："你懂个锤子！"这里的锤子当然不是锤子。我无意去考证这几个段子的真伪，但此情此境，这两位大家不这么骂，我们肯定会觉得不到位，不解气。为什么？因为我们跟他们一样，对一些讨厌的事物恨得要命，又苦于没有任何办法。我们又都是粗人，离开了这些"顺手"的家什，确实找不到什么武器才能有效地宣泄自己的愤怒。

其实，粗话里也饱含着作家的创作个性和浓烈的情感。汪曾祺是个极富感性的小说家，颇有一点不管不顾的劲头，把粗话打磨殆尽，也就失去了他的风格和色彩。在一篇题为《夏天》的散文里说到栀子花的香。说栀子花粗粗大大，又香得掸都掸不开，于是为文雅人不取，以为品格不高。栀子花说："去你妈的，我就是要这样香，香得痛痛快快，你们他妈的管得着吗！"看得出来，作家拿花说事，心有所指，也是一肚子的牢骚需要释放。你把粗话删除，汪曾祺的味道就没了。

五、净化语言先从净化社会开始

既然全社会语言粗鄙化的倾向如此严重，那么有没有什么好办法解决这个问题呢？各阶层的人们都有一肚子气，这就说明社会的发展中积累了太多的问题。人们在上学难、看病难、养老难、买房难和食品安全、环境污染等困境中一筹莫展。解决问题、理顺关系，让广大群众分享到改革开放的红利，人们就会改善自己的情绪，摆脱无助感、无力感。人们生活得舒适，言论也有了表达的自由，自尊感就会提升，有尊严的人自然会对自己的交际方式高度负责，语言的文明、文雅，就无须别人提醒。

离开了社会的改造，头痛医头脚痛医脚地治理语言污染，号召"少说一句粗口，从我做起"之类的做法，可以说毫无用处。山里小溪总会溅起一些浪花，原因是河床是由起伏不平的石头构成的。河床平坦而宽阔，浪花自然就少了。你不解决河床的问题，只是跟溪水商量，显然是选错了对象。近些年，全中国的围挡、围墙、灯箱、道旗、走马灯……举凡众目所及的地方，都会被写上 24 个字的标语，宣传力度不可谓不大。实话实说，这 24 个字，实在是天底下最好的东西，谁都喜欢不得了的。问题是，实现这 24 个字中的哪一个字，都不是普通百姓自己能完成的。我们不妨这样说：这 24 个字在中国落实之日，便是语言粗鄙化问题彻底消灭之时。但是很显然，这需要一个过程。

那么，我们能不能袖手一旁，坐等这一时刻的来临呢？不能。掌控舆论话语权的部门，还是要不厌其烦地提倡文明讲话、文明写文章。网络上的粗话、脏话也应该有人打扫，写作者的自律和互相提醒也是至关重要的。前几年，我曾经见到一个很活跃的网络写手羽戈写的帖子，帖子说，他在文章中说了粗话，受到了一位著名杂文家的批评，他接受批评，很感谢批评他的老师，并表示今后写文章一定把粗话、脏话"戒掉"。因为这件事情很感人，也很好玩，所以我久久不能忘记。如果文人们执笔为文的时候，都能这样自尊自重，严格自律，语言粗鄙化的乌烟瘴气定会有所收敛。人们把"逼"和"屌"都放回到它们原来的隐秘之处，人们的精神状态没准儿也会大为改观。

"先父"到底是谁的父亲?

2007年12月28日的《文汇报》上,刊登了一篇新华社的专稿。专稿报道了巴基斯坦前总理贝·布托被刺杀前拜谒父亲陵墓的情况。

报道的题目是:《贝·布托生前拜谒先父墓时表示:"我仍面临威胁,但不会害怕"》。这里出现了一处"先父"。行文中又有三处出现了"先父"字样:"贝·布托10月27日乘飞机从巴最大城市卡拉奇前往苏库尔市,打算经那里抵达南部信德省的拉尔卡纳市,拜谒先父陵墓","贝·布托……径直前往先父陵墓","拜访完先父墓后,贝·布托对随行记者说:'我仍然面临着袭击威胁,但不会因此害怕……'"

一篇千字左右的报道,出现了四次"先父"。这里的"先父",看记者的本意,是指贝·布托的父亲,巴基斯坦的第一位民选总理阿里·布托,因为有个具体的语境摆在那里,读者不至于发生误会。但是,如果较起真来,一口一个"先父"的说法,人们有理由认为贝·布托拜谒的是写这篇报道的记者的父亲。这不是故意恶心谁,因为"先父"一词没有第二个意思,它的意思就是专指讲话者本人死去的父亲。

古代汉语和现代书面语中的谦辞和敬辞，在许多人的头脑中还是一笔糊涂账。谦辞中除了"先父"，还有"家父"，也令不少人露怯。记得某电视台的一位著名主持人，在同一位文艺界名人对谈时，也是一口一个"家父"地称呼对方的父亲，令观众浑身起鸡皮疙瘩。在有的电视剧里，我们还能听见有的人请客人到自己"府上"坐坐。

称呼使用混乱的现象，还可以往前追溯得很远。京剧《状元媒》是一出老戏。剧中柴郡主有一句唱词："但愿得令公令婆别无异见"。这里的"令公令婆"也用得极不得体。头一个毛病，是情理方面的：柴郡主当时还没有嫁给杨延昭，怎么能对杨的父母以"公婆"相称呢？第二个毛病，就是没有明白"令"的含义，"令"是美的意思，父母、兄弟、姐妹、公婆之前，只要加了"令"字，必定是指讲话对象的亲属。就算是柴郡主急着嫁人，一厢情愿地要当儿媳妇，也不能把自己的公婆说成"令公令婆"。考虑到京剧的发展史上，从剧本到表演，文人介入得很不够，台词中不合语法、逻辑之处颇多，"令公令婆"之类的毛病，还是小焉者也。

鉴于在称呼上出现的错误过于频繁，笔者提出两个建议：一、把有关的知识恶补一下。找一本相关的书，翻上几十分钟，也就都解决了；二、不想恶补也行，那就老老实实地躲开这几颗地雷，不去碰它，平时该怎么说话，还怎么说话。对方的父亲，你拿不准该叫"令尊"还是"家父"或者"先父"，也就不要"掉文"了，干脆，就说"您的父亲"。这也很好。

顺便想到与这个问题关系不大的另一个毛病，那就是主持人跟被采访者说话的时候，常常喜欢套近乎，滥用"咱们"。提起被采访对象的家庭、亲属和其他事物，会亲切地说成"咱们家""咱爹妈""咱们单位"等，这虽说能显得热络，但也是极不准确的，主持人怎么就成了他们家的人了呢？

原来"她"活下来如此地不易

近日，读了黄兴涛先生的《"她"字的故事：女性新代词符号的发明、论争与早期流播》一文，感慨良多。原来，一个表示女性单数第三人称的代词的诞生，在一个讲汉语的民族中，竟然是这样艰难，又是这般有趣。我们不妨跟着黄文的叙述，领略一下这道独特的风景。

古汉语的人称代词，先天就不大完整。就第三人称而言，不管是男是女，是阳性还是阴性，都没有专用的字。现在我们表示男性的"他"，也是晚至唐代才出现。至于表示女性的"她"，时间就更短，至今年纪还不到百岁。

各民族间的文化交流，很能促进彼此的取长补短。中国人长时间是跪坐在席子上（因为当时还不兴穿裤子，盘腿、叉开腿的坐法有些不雅），后来发现有的民族的屁股是坐在凳子上、椅子上，比自己把膝盖和小腿硬硬地跪在地上、把臀部压在脚后跟上的方式舒服多了，于是也便纷纷爬起来，坐凳子、坐椅子。现代汉语中的人称代词的拾遗补阙，也是这样，有点"见先进就学"的意思，因为西洋语言（主要是英语）的东渐，使中国人发现了汉语的某些缺失造成的不便原是可以克服的，不必继续凑合下去。

事情可以回溯到 1823 年。第一个来华的新教传教士马礼逊，写了头一本中文英语语法书《英国文法凡例传》。他在人称代词和物主代词的翻译上，犯了难。作为没有办法的办法，他把"he、she、it"分别译为"他男、他女、他物"，把"his、her、its"译为"他男的、他女的、他物的"。"I saw her"译为"我见他（妇人）"，"this is his"译为"这个是他（男人）的"，"that is hers"译为"那个是他（妇人）的"。可以想见，如果用这套系统来翻译一本英国小说，读起来一定十分可怕。

时间进入五四时代，新文化运动的推动者开始正面接触如何翻译"she"的问题。大约在 1917 年前后，刘半农第一个提出创造一个"她"字的建议。其后，周作人发表了意见，他既肯定"极好"，又担心这种新字铸起来不方便，姑且在"他"字后面注一个小小的"女"字，作为权宜之计。此后，在需要"她"的地方，周作人都是用"他女"这种形式来凑合。叶圣陶支持这个办法，而且身体力行，有时候文章和小说里满篇都是"他女"。胡适不同意周作人的办法，他在翻译莫泊桑的小说时，遇到单数第三人称的阴性代词，也就是后来"她"的地方，一会儿用"他"，一会儿又用"那女的"。刘半农对此也颇不以为然。我们今天想来，也不会赞同这个办法。试想一下，英语小说中如果哥哥问弟弟："妈妈到哪里去了？"弟弟说："她买菜去了。"如果翻译成汉语，说成"那女的买菜去了"，读者不会答应，估计原著的作者也会跑来打官司的。

1919 年 2 月 15 日，钱玄同针对英文"she"的对译提出三种办法：一是像日本人译成"彼女"那样，译成"他女"（注意：这跟周作人用小字号的"女"字作注的法子并不一样）；二是新造一个字，但不是"她"字，而是"女它"的组合；三是干脆把英文的"she"原样端过来。

周作人对这三种意见都不赞成，对自己用小号"女"字作注的方式也不满意，他提议用江浙人口语中留存的"伊"音节来专门表示第三人称的阴性代词（在英文中也就是"she"）。这建议获得了钱玄同的赞同，他的理由是这样子不用造新字，省事。其实，"伊"在江浙人的口中，跟"他"的功能是一样的，都是男女兼管的单数第三人称代词。现在的设计是："他"的功能收缩到男性这里；"伊"的功能，与之相反，收缩到女性那里，各司其职。照理说，周、钱二位，当时也是颇具影响力的人物，但是，他们两个的共识还是起不了"一锤定音"的作用。当时的知名作家，在文章和小说中，有的用"伊"，有的用"她"，难以统一。

1920年4月，关于"她"字存废的争论战火重新点燃。最骁勇的一员战将，署名"寒冰"，他指名道姓地声讨"她"字的"始作俑者"刘半农。他反对"她"字的理由如下：一、"他"字已经完全满足了大众的需要，不必更改；二、大众惯用"他"字，方便省事。"她"字出现，在字典上没有根据，反费思考时间；三、女性第三人称要改，第一、第二人称也应该改，麻烦大了；四、"她"字古文中已有固定意义，不便赋予新意；五、"她"同"他"同音，口语中使用，根本听不出什么阴性阳性，所以没有什么价值。一个"他"字，看上下文就知道指的是男是女了。

刘半农、孙祖基等人挺身迎战。他们驳斥道："他"字曾经适应过人们的需要，但"她"字的出现，正是为了适应人们的新需要。"他"字代表两性，严重影响阅读理解。"她"字有个由生到熟的过程，人们用熟了，字典上也有了，"证据"就不是问题了。"他"字也有过一个从无到有的过程。女性第三人称与第一、二人称是有区别的。第一、二人称是对谈中使用，指称明确，不易混淆，第三人称的使用语境复杂，指称繁杂，区分之需要比较迫切。古代虽有"她"字，但已被遗忘，今人以新意用之，未尝不可。"他""她"音同，听不出区别，但字面上区分开，意义也很大。刘半农不仅从现实需要出发强调"她"字的必要，更从世界语言的宏观角度作为参照系，点明中文里没有"她"字是不完备的。至于说到"她"字是古字，有既定的音义，刘半农指出，汉字的音义变化乃司空见惯之现象，"虚字几乎十个里有九个不是古义"。

刘半农对到底是用"伊"好还是用"她"好，做了一个比较。他说，"伊"的好处是能从读音上把它跟"他"区分开，但其他方面还是"她"字更好：口语中使用"伊"的地区太窄，难求普遍；"伊"字没有"女"字偏旁，不如"她"字表达明确；"伊"字偏近文言，用于白话，不甚调匀。为了弥补"她"与"他"同音的不足，刘半农建议把"她"读成"拖"音，以示区别。

在这场论战中作为主角之一的寒冰，是个有趣的人物。此人一直十分活跃，但细查其运动的轨迹，则是且战且退。到后来，他早已不是反对女性单数第三人称从"他"字中分离出来，而是反对"她"而捍卫"伊"了。立场坚定地反对从"他"中剥离出"她"的，最著名的人物当数蔡元培。他认为语法应尽量简洁，用"她"或者"伊"来分出女性，没有必要。有趣的是，主张创用"她"字的，正是参照了西文中语法上的构造，才发现了汉语的缺失；而蔡氏反向而行，不仅对人称代词，他还历数了西文中数词变化、形容词的级数变化和动词时态、语尾变化等项，认为过于复杂，不如中国的简便。这样一来，该改的不是汉语，而是西文了。

"她""伊"之争战犹酣，斜刺里又杀出一彪人马。这彪人马的攻击角度，不是语文，而是社会思想层面，事关妇女解放。照常理说，把"她"从"他"中间剥离出来，应该是重视女性的表现，应该得到妇女和支持妇女解放的人的赞成才对，可事情偏偏就掉了一个个儿，这些人就是认为把"她"独立出来，区别于"他"，对正在提倡的男女平等的解放妇女潮流"是一个反动"。当时的《妇女共鸣》杂志就拒绝使用"她"字，认为该字的构造去掉了"人"字旁，是不把妇女当人看，是对妇女人格的公然侮辱。1935 年 8 月，《妇女共鸣》上特别刊登了一个《本刊拒用"她"字启事》，启事说："本刊对于女性第三称的代名词，用'伊'字，而拒绝用'她'字，因为第三身用'她'，男性第三身用'他'，对象第三身用'牠'，以'人旁''女旁''牛旁'相比衬，男性是'人'，女性是'女'，对象是'牛'，亦非是含着女性非'人'的意思吗？"有人著文反驳，对那种"在形的方面要求一个'人旁'就认为增高了自己的地位了"的做法和念头，"不仅是幼稚可笑，并且是站在文字进化反动的场合"。历史表明，《妇女共鸣》所做的悲壮的抵抗，并没有起到太大的作用，"她"字终于流行开来。这些勇敢的斗士们如果看到今天的"她"不仅是女性第三人称的一个符号，还被用来指代那些"抽象的、在人们心目中具有美好价值、值得珍爱的事物，像祖国、自由、科学、文学等等"，一定喜出望外，释然于九泉之下。

黄文在探讨"她"字之所以能够站住脚，能够战胜"伊"的原因时指出，恰恰是因为"她"跟"他"同音。"这种形异声同的有节制的改变，既顺应了新时代的精确性分化要求，也遵从了汉语自身可以一音多字的简便特点"。黄文说，"她"字在汉语中的合法化，本质上并不是因为它来源于西方，不是因为西方语言中有，汉语中也就必须有，而是因为它在根本上与汉语在新时代被激发出来的现代性诉求或者说现代化需要发生了关联，从而为汉语所接纳。在这里，"她"字的西方性与现代性只是偶然发生了重合而已。我倒是觉得，在这里黄文把"现代性"同"西方性"区分得形同泾渭，没有必要，也不大符合史实。近代已降，中国文化（包括语言）的现代化进程，怎么可能跟"西方性"脱离关系？这影响怎一个"偶然发生的重合"可以了得？从始到终，20世纪20年代关于"她"字的论战，哪一个不是以英语的"she"作为参照系来讨论问题？汉语自身"将就"了漫长的若干个世纪，为什么到了19世纪、20世纪就不能再将就下去了？忽然地就"需要"起"她"来了？还不是西方人来到中国（当时主要是传教士），认为汉语应该有个"她"，国人懂了西文也认识到汉语应该有个"她"？当然，没有西亚和欧洲的凳子和沙发，中国人也可能慢慢发现，用屁股坐凳子一类的东西，远比用胫骨着地跪坐在地面上舒服，但事实是：有了西亚方向传进来的"胡床"之类的坐具，中国人才起身改了坐姿，解放了两只小腿。

从黄文中得知，学者刘禾曾对"她"字的运用作了社会学上的阐释。刘禾指出，"她"作为一个"指示性的性别建构符号"，"反映并参与了 20 世纪初就已开始实施的一个规模更大的性别化过程。在这个过程中，中国男人、女人和国家分别地同时也是通过对方发现这样一个利害攸关的问题，即应当如何建构性别差异，以及在中国寻求现代性的过程中性别差异应该或者能够释放出什么样的政治能量"。

字母"V"对中国人的用途

　　你在说"伟大"的"伟"或者"行为"的"为"时，可以是个双唇音，也可以是个唇齿音，就是说，你发音时是用上下嘴唇碰一下，还是用上齿轻轻地咬着下嘴唇，都没关系。要知道，在相当多的语言中，这两种不同的发音部位发出的辅音，属于不同的音位，也就是说，具有区分意义的作用。可偏偏在汉语普通话里，这个区别没有实际的意义。当我们用"W"这个半元音来作"喂""伟""魏""位""威"等字的声母的时候，就会发现，26个字母的拉丁字母表中的"V"失业了：汉语拼音中没有它的位置。也许在描写某个少数民族的语音的时候能派上用场，但在汉语普通话中确实没有它的角色。

　　说起来也有趣，使用26个字母来描写汉语普通话，其实也并不显得多么富余。我们看到，一组翘舌音"zh、ch、sh"还是靠两个字母的组合来完成的，这当然不能算是个多快好省的办法。然而，就在"z、c、s"还需要外出跟别人组合以便"兼职"的情况下，好端端的一个"V"，却愣是没有用武之地，你说是不是有点遗憾？

　　没想到，事情到了近些年有了转机。电脑和网络之兴，使得闲置多年的

"V"终于被起用了，尽管还不是那么名正言顺。目前的汉语输入法中，各种双拼法是最受欢迎的。在有的双拼输入法中，"V"这个键子在声母的序列上，被任命为"zh"，在韵母的序列上，被任命为"ü"。"V"这个多年闲置的干部，终于忙起来了。"V"的忙碌，其实还属于"打黑工"的性质，并没有拿到合法就业证。因为真正的"V"并没有露面，说到底，我们只不过利用这 V 键的位置而已。

说起来，单韵母"ü"也怪可怜的，没有找到专职干部做它的工作，只能让"u"加上两个小点，临时前来客串一下。而加了双点的"ü"，模样太古怪，在拉丁字母的键盘上，找不到。如果需要在屏幕上打出"ü"来，还必须在"插入"的窗口苦苦寻找半天，才能见到它的踪影。这对提高输入效率无疑是一个障碍。让"V"名正言顺地取代"ü"不行么？这样，用汉语拼音输入时，大家都会感到方便。但恐怕难以通过，这不光是因为让一个辅音充当元音的变化跨度太大，一般人难以接受，还有汉语拼音是一种法定的拼音方案，不是说改就可以改的。

文章刚写到这里，我就从报纸上发现了一幅有趣的照片。这是一张 2007 年 3 月 22 日的《北京青年报》，在"探索之旅"这一栏目中，有一篇题为《中国记忆奇人打破圆周率背诵纪录》的文章。文章说，西北农林科技大学学生吕超把圆周率背诵到了小数点后面 67890 位，打破了日本人保持的 42195 位的世界纪录。文章配发了一幅照片，这是吕超正在表演背诵圆周率的现场。在吕超面前的桌子上，放着一张名签，上面赫然打印着："Lv Chao"！我暗自忖度，这也许是某个电脑录入员的杰作。可能是一位年轻的小姑娘，她费了半天的劲也找不到"ü"的时候会想，既然在键盘上"v"被规定为"ü"的读音，那么，它干吗不可以作为"ü"出现在屏幕上？

正在我对这档子事感到兴味盎然的时候，我的学长张万彬先生读到了我的这篇文章，他说，这已经是正式规范过的了。说着，他马上找出《国家语言文字工作委员会语言文字规范》文件发布的《汉语拼音方案的通用键盘表示规范》。在这份编号为"GF 3006–2001"的文件的"4.3.2"一节中，明确规定："汉语拼音方案韵母表中 ü 行韵母（ü、üe、üan、ün）中的字母 ü，凡是汉语拼音方案中规定可以省略 ü 上两点写成 u 的，在通用键盘上用键位 U 表示；不能省略两点，仍需写作 ü 的，在通用键盘上用键位 V 替代表示。"

非独此也，在这个规范化文件上，我们还可以见到"韵母 ê 在通用键盘上用 E 加 A 组合键位替代表示"。汉语拼音的四个声调符号在通用键盘上依次用数字键 1、2、3、4 替代表示（轻声用数字键 5）。

看来，我们的规范化工作并不滞后，我不知道，是我自己孤陋寡闻。有这个规范，就比没有规范要强。但这个"键位表示"只是停留在专业内部便于识别的"内部码"，对普通人的电脑操作意义还不是很大。

译事杂说

"不折腾"折腾起一场翻译大赛

2008 年 12 月 18 日，党中央召开了一个纪念改革开放 30 周年的大会。胡锦涛同志在会上作了讲话。讲话中的一句北方方言"不折腾"，引起强烈反响，据说，也难倒了国内外媒体界的双语精英。

会上，胡锦涛同志在表明中国走社会主义道路的坚定不移决心时，连续用了三个"不"："……只要我们不动摇、不懈怠、不折腾，坚定不移地推进改革开放，坚定不移地走中国特色社会主义道路，就一定能够胜利实现这一宏伟蓝图和奋斗目标。"

媒体报道说，当时，"不折腾"三个字刚落音，会场上随即传出会心的笑声。在正式的场合宣示重大决策时，突然冒出一句很家常的口语，显然让大家觉得分外亲切。但笑声也说明观众对"折腾"二字的所指，也听懂了，对总书记在修辞上的苦心也领会了，对俗语突然闯入官方话语系统造成的奇特幽默效果，也欣赏了。

现在，让我们了解一下"折腾"这个词。《现代汉语词典》对"折腾"的解释是：1. 翻过来倒过去，例：凑合着睡一会儿，别来回折腾了。2. 反复做

（某事），例：他把收音机拆了又装，装了又拆，折腾了几十回。3. 折磨，例：慢性病折腾人。4. 乱花费；挥霍，例：家底都叫他折腾光了。虽然各义有所区别，但不难发现其意无非是"要么是无事找事做，要么一事反复做"。而且，从修辞意义上讲，"折腾"一词往往是含有贬义的，人们常常在"折腾"的前面冠以"瞎""胡"或者"穷"，变成"瞎折腾""胡折腾"和"穷折腾"。"瞎折腾"的"瞎"，很清楚地表达了"折腾"者没有目的、看不清目的或者是选择了一个明显是错误的目的，却死也不肯改，虽然动作幅度很大，频率很高，但仍是在做无效劳动。"胡"和"穷"用字也很准确，既表明了折腾的顽固态度和剧烈程度，也说明了"折腾"还不光是没有新成果，有可能连已有的成果也要丧失掉，是一种败家的行为。

中国人深受折腾之苦，不少人至今也没有停止折腾。只顾赚钱而严重污染环境（以至于花费几十个亿也难以治理）难道不是瞎折腾？毁林种粮种橡胶结果严重破坏生态平衡最后又不得不退耕还林难道不是瞎折腾？一个个给国家和人民造成很大损失的豆腐渣工程难道不是瞎折腾？刚建了几年的楼房又强行拆掉盖高层难道不是瞎折腾？砍了树林修草坪（换一任官员又把草坪改成树林）难道不是瞎折腾？不惜负重债搞面子工程、形象工程难道不是瞎折腾？大建人造景点、破坏自然景观难道不是瞎折腾？违规占用耕地然后抛荒难道不是瞎折腾？欺骗中央和上级领导，应付检查，搞"假绿化"、假民意等等难道不是瞎折腾？现在提出"不折腾"，不仅是表明不再犯以往错误的决心，也仍有其现实针对性。

不能不承认，把新中国成立后给人民带来巨大损失的许多错误用一个"折腾"轻轻地概括一下，体现了一种政治智慧。胡锦涛同志"不折腾"一词刚出口便赢得一片笑声，就说明他的意图得到了圆满实现。人们听懂了这种巧妙的、喜剧化的自我批评，对他意外使用的通俗化表述，也予以理解和赞赏。一个口语化的词，居然能奇妙地拉近领导人同听众的关系，其功不在小。

　　这个背景了解了，意思大致也明白了，但对于那些对中国的情况不大了解的国际媒体和外国读者来说，"不折腾"三个字到底应该如何翻译呢？一时间，群雄逐鹿，各显身手，专业的，业余的，各路翻译高手纷纷登台献技。网络上，报纸上，"不折腾"喊声一片，人人都想把这块翻译金牌摘下来。

　　一石激起千层浪的第一层浪花，是网络上第一时间读者主动搜集的五花八门的各种译法，像"翻来倒去"（don't flip flop），"别走岔路"（don't get sidetracked），"别反复"（don't sway back and forth），"不踌躇"（no dithering），属于在字面上搞对译，对内在的意义和意味显得无能为力。而"没有重大变化"（no major changes），"不搞运动"（no making movements），"不制造麻烦和浪费时间"（stop making trouble and wasting time），"不搞自我消耗的政治运动"（no self-consuming political movements），"不做无用功"（avoid futile actions 或 anti-useless work），"不做违背科学规律和无益的事"（do nothing against scientific laws and nothing useless），"避免变来变去的决策"（to be free of unstable decision-making），不是过于直白无文，就是失之空洞、笼统，有的还是属于事后的价值判断（譬如"不做无用功"），对于局外人来说，仍然是不得要领。再比方说"不搞运动"，外国人怎么知道中国人指的这个"运动"有多么的复杂？

　　有人议论说，这些译法都不够精彩、贴切，因为没有把"折腾"里头还带着的"混乱""自我消耗"含义体现出来。这种批评并非没有道理，但鉴于这种"折腾"的内涵只有中国才具备，没有身临其境，没有亲身经历或者深刻了解，对"折腾"的理解就难免比较皮相，理解不深，怎么可能准确地翻译？还有，中国发生的事情有一定的独特性，用英文现成的表述方式来准确描述之，其难度是可以想见的。

　　"不折腾"既然无法准确翻译，就不要翻译了吧？在一次国务院新闻办的发布会上，果然有人就端出原汁原味的"bu zheteng"，不再译成英文。没想到，这一招还博得了一阵赞扬，说"bu zheteng"说不定将成为英语当中的专属名词。还旁征博引，说现代中国人为英语增加词汇，早有先例。像宇航员，美国的叫"astronaut"，苏联的叫"cosmonaut"，2003 年以后航天词库中又新增了"taikonaut"（源自"太空"的汉语拼音 taikong），指中国的宇航员。看来一个国家国力增长，或受关注的程度增加，就有机会为外语词库做贡献。

中投公司监事长金立群，是圈内人士公认英语水平最棒的专家。没想到，他也是"原样端出"派。他说，翻译的主旨是想寻找一个契合原意的词汇，但这是不可能的使命。所以，我并不试图这么做。对这个"不折腾"，要努力去理解历史，中华人民共和国成立后的历史。例如，从"大跃进"到"文革"……这就是说，你想做件事，以为是很了不起的，结果却一塌糊涂，然后又想做另一件事。这类历史表明，我们国家曾经"折腾"过多次。所以，"折腾"是不可能翻译成英文的，就像有些英文翻译成中文也是非常困难的。我觉得，一种语言里的某些词汇、表达，特别是俚语，是很难翻译的。所以，最好的办法就是把这个词直接引入英文。所以，我想只能部分地传递这个意思，但这是不够的。

有人请教了前驻法大使、外交学院院长吴建民先生。吴先生是老外交家，人们对他寄予厚望是有根据的。令人遗憾的是，吴先生真人不露相，他只是讲了一通翻译的难度，强调不能只从字面上理解，要体会这里有"不要胡来"的意思，至于到底怎么翻译，他就付之阙如了。

对原封不动地把"bu zheteng"端给外国人，多数人是不以为然的，认为这是回避困难的懒汉式做法。两种语言之间的翻译，总会有一些不易解决的难题需要克服，如果动不动就原样拿出去，翻译是省事了，读者可就费事了。翻译人员的职责，不就是要"信、达、雅"地把一种语言转换成另一种语言吗？如果一篇翻译的文字动不动就用译音来凑合，还要翻译干什么？好在持这种主张的人并不是多数，也没有耽误其他人对翻译"不折腾"继续倾注巨大的热情。

一位叫孟凡君的博士，对翻译"不折腾"在语义内涵、语用风格和句法结构三方面做了比较细致的思考。孟博士认为，第一，"折腾"一词有多种含义。当我们说"折腾得全家不宁"时，有"造成痛苦"之意；当说"穷折腾"时，有"徒劳无功"之意；而说"瞎折腾"时，又有"盲目蛮干"之意；等等。第二，"折腾"一词本属俗语，在大雅之堂妙用之，故闻者会心之际，不由莞尔。基于此，其英语译文也应以俗语表达为佳。第三，"不折腾"一词的翻译不应孤立看待，而应放在"不动摇、不懈怠、不折腾"的排比式表达中统筹安排，尤其应着眼于整个文句而全面兼顾。孟博士将该词译为"don't take good pains for nothing"。在英语中，"take pains"有"带有痛苦"和"付出努力或代价"的双重含义，而"take good pains for nothing"则是"付出很大的痛苦或代价而徒劳无益"的通俗表达（其中含有的"good for nothing"三词又有"无用"之意）。因此，"don't take good pains for nothing"一词，就具有"不要干那些付出很大的痛苦或代价而徒劳无益的事"的意思，在语义上、语用上大致与"不折腾"相应。但是，"不折腾"中的"不"字，未必非译为"don't"不可，这要看"不动摇、不懈怠、不折腾"的排比结构该如何安排。孟博士的思路是对的，对"不折腾"的理解也是准确的，设计上要以俗对俗，要让三个"不"的句式十分工整，风格一致，这都是对的，但他给出的"don't take good pains for nothing"，"信"则差不多可以说"信"了，"达"和"雅"上的差距就大了一点，起码，连他自己的设计目标也没有完成。

有人则主张从胡锦涛同志口中的"折腾"的政治含义下手，首先弄明白"折腾"的主体是谁，受众又是谁，"折腾"指的又是什么。很明显，主体是决策者们，而受众是广大老百姓，"折腾"则是指那些错误的给老百姓带来巨大痛苦的政策和运动实践。考虑到胡锦涛同志平实的语言风格，所以他给出的翻译方案是"don't make trouble policies leaving public painful"。为了把标语式的"不动摇，不懈怠，不折腾"翻译整齐一点，他建议搞成"No wavering, No relenting, No zigzagging"。

有的人认为"折腾"更接近"disturb"（捣乱），还说，"不折腾"就是自己不捣乱，别人也别捣乱。这种理解离原意就比较远了。"折腾"，不管是"瞎折腾"还是"穷折腾"，有明知不对还要蛮干的时候，也有因缺乏经验好心办了坏事的时候。如果一概以"捣乱"名之，就都是"主观故意"了。这判断有失公允。还有人认为，"折腾"按照负面意思来理解，应翻译成"self-annoying"（自找烦恼）。如果把"不折腾"翻译成了"不要自寻烦恼"，谁都能看得出来，离题太远了。

有些人主张找一个英文的固定短语来翻译"不折腾"，这比较现成，也易懂。

譬如，就有人建议，把"不折腾"翻译成"don't beat about the bush"。理由是：1. beat about the bush 是英美等西方国家早已约定俗成了的，没有必要另外生造。2. 弯弯绕也有瞎折腾之意思，那么，不弯弯绕也就是不瞎折腾的意思。beat about the bush，其原意也是做无用功。bush 是灌木丛，荆棘丛，那么矮的灌木丛里是不可能掩藏着什么东西的，因此，你反复敲打灌木丛是浪费时间。don't beat about the bush 就是不要反复敲打灌木丛，没完没了，也不就是"不折腾"。表浅地看，这个固定短语与"不折腾"有点接近，仔细品味，它的"弦外之音"是"不要拐弯抹角"，这就跟"不折腾"的内涵分道扬镳了。

曾任邓小平的英文翻译高志凯先生则主张翻译成："don't do much ado about nothing"。他认为，在英文里"much ado about nothing"是个约定俗成的说法，莎翁的名剧《无事生非》，就是用的这个固定短语。它恰恰指反反复复、多有操劳甚至劳民伤财，但是无功而终，这同"折腾"的含义十分贴近。同"折腾"一样，"much ado about nothing"也是对某一行为的后果的主观判断。

中国驻纳米比亚大使任小萍则认为，much ado about nothing 也是可以容忍的译法，可以部分地传递某种信息，但仍然觉得不够好。理由是"折腾"在中文里是个动词，不及物动词，"much ado about nothing"是名词短语，所以，不宜这么用。她觉得最接近的固定短语是"don't rock the boat"，或"no boat rocking"（直译"别晃船"）。她还认为，avoid self-inflicted setbacks（避免自己造成的退步）的译法比较恰当。

然而，任小萍的译法马上遭到网友的反对。有网友指出，翻译成"avoid self-inflicted setbacks"，有三个关键性缺陷。首先，"不折腾"里的"不"不是一个"avoid"（避免）不"avoid"的问题，不是说等事情来了我们去"avoid"，而是主观上就不要去那么做——折腾。其次，"setback"（退步）一词太重，这不是翻译，而是推理的结果。我们知道"折腾"可以有"setback"，也可以不产生"setback"，比如，有人买个沙发回来，他今天把它放这儿，明天把它放那儿；今天在上面装饰点这，明天装饰点那；今天用漆把腿油漆一下，明天把沙发布染一下，等等，这并不一定会有什么"setback"。再者，该句翻译的最大缺陷是政治味太浓。胡锦涛同志用口语"不折腾"这三个字就是要避免政治味太浓，而该翻译恰恰把政治味译得很浓。因此，应把"不折腾"翻译成"not to be engaged in unnecessary or ineffectual doings"。这么译，虽然偏长，不很口语化，但基本意思都已表达出来，而且就像原词一样，任何场合都能用，不论用来表达日常中出现的折腾，还是政治上的折腾都可以。这位网友所谈的意见，许多都是有道理的，他的理解和翻译都有可取之处，但如果真把"not to be engaged in unnecessary or ineffectual doings"放到三个"不"的排比句中去，其他两个"不"怎么与之和睦相处，怕也是一个问题。

其实，我倒是觉得，任小萍给出的译法，毛病在于没有接触到动作本身，"avoid self-inflicted setbacks"只是一种主观愿望，一种想法，一种行动的动机、目标、注意点，而不是行动（或者不进行这种行动）本身。至于有人给出的"avoid power abused"（避免权力滥用）的译法，连行动的动机也不是了，距离"不折腾"也更为遥远，是避免许许多多政治错误、经济错误的政治体制改革层面的更抽象的政治劝诫。

季羡林先生也在病床上提出了自己的译法。这也是个常见的短语："no trouble making"，直译为"不制造麻烦"。这个译法，似乎过于表浅了一点。那么严重的问题，用"折腾"含糊过去，尽管信息量已经有了很大的损耗，但还说得过去，如果再用"麻烦"把"折腾"换换装，就更加轻描淡写，洒洒水了。但笔者注意到，在一个网站的投票站，季老的这个译法得票不少。

还有些网友，为了体现出"不折腾"的俗味，简直到了走火入魔的地步。有人觉得可以译为"no fooling around""no messing around"，甚至可以来个更生猛的"no f××king around"（这些都是动名词词组）。不同意将"不折腾"原样端出的网友球则说，与其用"bu zheteng"来敷衍，还不如"not to huqiunong（别胡毬弄）"（陕西版）、"Don't Xia-qiu-nao（别瞎毬闹）"（山东版）更来劲。有人甚至还想起了一句美国黑人的口语："Yo，man，come on，keep trying and don't fuck up!"（哥们，接着干，别他妈的乱靠），觉得这口吻跟"不折腾"的通俗风格也挺对路子的。这些网友积极性可嘉，只是忘了这些话怎么能进我们国家领导人的报告呢？美国总统在美军攻打伊拉克前，可以在电视上把"FUCK"这个词放在萨达姆的前面，当作口号来喊，别人一般不会这样做。

在兼具信、达、雅三个尺度方面，人们逐渐把目光集中在 no Z turn 和 don't zigzag 上面。相比之下，有的网友更欣赏 don't zigzag。并列出以下几点理由：第一点，对应的简洁性，与其他两个"不"能组成完美排比，而 no Z turn 做不到这一点；第二点，no Z turn 本身没有表达出中文原文中的动词性；第三点，Z turn 一词在英语为母语环境中的认可度不高，给人感觉略有生造词的意味，和 bu zheteng 几乎是"五十笑百步"。相比之下，zigzag 对老外来说的认识度还是很高的，让英语为母语的普通大众可以快速理解。zigzag 一词有动、名、形容三个词性，它的意思是曲曲折折、锯齿形。可用来形容道路多蜿蜒曲折，进行来来回回锯齿形运动。一般看到这个词，脑海就会产生反反复复、曲折锯齿运动的画面。

关于"不折腾"，我们就暂时折腾到这里。那么，三个"不"的译法又有哪些呢？

《中国日报》的翻译是：If we don't sway back and forth, relax our efforts or get sidetracked…

有的网友表示不满意，他提出的方案是：As long as we don't hesitate, don't be content, and don't engage in infighting…

高志凯先生的译法是：Don't waver, don't relent, and don't do much ado about nothing.

还有网友是这样翻译的：Do not waver, do not ease off and do not stir up turmoil.

笔者是个英语的门外汉，只是因为对这场翻译擂台赛有兴趣，才始终关注它的进展。希望我的挂一漏万的梳理，能给想了解这一过程的朋友提供一点有用的信息和材料，至于谁翻译得最恰当、最精彩，就不是我敢置喙的了。不知道这道翻译题是一道有无穷解的数学题，还是难以破解的"哥德巴赫猜想"。

从潘基文 "姓潘，不姓文" 说开去

2007 年新年伊始，刚刚走马上任的联合国秘书长潘基文搞了一次 "正名" 活动。潘秘书长新任命的女发言人米歇尔·蒙塔斯，在 1 月 3 日的记者会上，教记者们如何正确理解 "潘基文" 这个名字。她说，潘基文的英文译名 "Ban Ki-moon"，是遵照韩国人姓在前、名在后的习惯，直接音译的。所以，在用英语称呼新秘书长先生时，应该是 Mr. Ban（潘先生），而不能是 Mr. Moon（文先生）。对西方记者来说，这一点很容易搞错，经常误称他为 "文先生"。虽然秘书长不会在意这种小事，但新闻媒体必须尊重各个国家的文化，不能一错再错。于是，美国电视台恍然大悟，非常郑重地报道了潘基文姓名的正确读法。潘基文也算是一位资深外交家，居然会 "经常" 有人误称他为 "文先生"，笔者不大相信，以为是发言人在开玩笑。而就在潘先生上任三个多月之后的今天，我从报纸上看到，他到中东后，以色列的总理奥尔默特还是称他为 "文秘书长"，可见西方人习惯的顽固。

这位女发言人说，姓在前、名在后是韩国人的习惯，其实，在东方文化圈中生活的人都知道，无论是中国还是日本，朝鲜还是越南，又有哪个国家的习惯不是"姓在前、名在后"呢？姓和名的顺序，在东西方文化中是截然相反的。照理说，各自按自己的习惯行事也就可以了。然而在西方强势文化面前，不少中国人就"以西方为准"了，非要把自己的名字搞成一个字母，放到姓的前头。于是，赵蕊蕊就成了 R. R. ZHAO，王一梅就成了 Y. M. WANG。请问，哪位认识"阿·阿·赵"或者"歪·艾姆·王"？可是，我们一些球队（比方说国家女排）的队服上的名字就是这样印的。如果按这些队员队服上印的名字去找人，你就算走到中国女排宿舍门口去喊，也没人理你。不信你见到王一梅喊一声"歪·艾姆·王"试试，看她能不能反应过来。

一个人的名字，印出来，不知道说的是谁；喊出来，没有人敢答应，这事够稀奇的了。可就是这种奇事已经维持了多年，似乎还要继续维持下去。中国人的名字有没有必要彻底西化？回答显然是否定的。中国人的名字在队服上印汉字不大合适，因为外国人多数不认识汉字。印汉语拼音就比较好，拉丁字母的发音都有个相对稳定的规范，走板也走不到哪里去，便于识别，也便于拼读。赵蕊蕊拼写成"Zhao Rui-rui"或者"Zhao Ruirui"，王一梅拼写成"Wang Yi-mei"或者"Wang Yimei"，就很好，也并不多占多少地方。现在生搬西方人的办法，把姓氏弄到后面，名字提到前面，终于弄得谁也不认识了。说是西化，其实"化"得还是不到位。譬如说，西方人的名字，不管几个音节，缩写的结果也只能是一个字母，可王一梅的名字"一梅"缩写以后，弄出来两个字母，又各自带上一个小圆点，这就让西方人也莫名其妙了。前些年，在中国人办的国际广播节目里，著名钢琴家孔祥东被介绍为"祥东·孔"。中国人不接受，欧美人听着恐怕也不知说的是谁。我就不信，西方人会把贺龙说成"龙·贺"，把郎平说成"平·郎"，把杨昊说成"昊·杨"。中国人姓名顺序西化的做法，似乎是这些年才开始的，因为我们的记忆中并没有把毛泽东说成"泽东·毛"、把周恩来说成"恩来·周"的印象。

中国人姓名顺序西化的目的是什么呢？如果是在西方国家比赛，也许是为了西方的观众读起来方便，那么，本着礼尚往来的原则，西方球员到东方来比赛，也应该迁就东方的习惯，把姓名也颠倒一下。譬如说迈克尔·乔丹，到了中国就应该拼成乔丹·M，美国总统访华的新闻上，也应该把他的姓名写成布什·乔治。既然他们从来没有这样变动过来，我们为什么要自作多情地变动过去？

实际上，多年来国际上早已形成了一个"名从主人"的规矩。就是说，不管是哪个国家，国名也罢，地名也罢，人名也罢，一概尊重主人的习惯。主人愿意怎么拼写，大家随着就是了，用不着凄凄惶惶地跟着西洋人的屁股转。"北京"曾长时间被英语国家拼成"Peking"，我们坚持拼成"Beijing"，大家也就都改过来了。那么，我们偏要搞出一个"Y. M. Wang"来，又有多大的必要呢？这次潘基文郑重其事地把他的姓名顺序作为一个重要发布内容公之于众，实在不是小题大做，事关对各个国家和民族的文化传统的尊重。潘基文这个头开得好，对许多中国人应该有点启示：我们的姓名，我们的文化，没有什么毛病，用不着自惭形秽，还是按原来的面目见人吧。

到底是"拉登"还是"拉丹"？

拉登是地球人都耳熟能详的一个人物，鼎鼎大名的基地恐怖分子头目。一会儿说，由于疾病缠身，活跃不起来了，过了一阵子，就又在网络上露了面。美国人一直在琢磨着，能从哪个老鼠洞里把他掏出来，可惜总也没有收获。（作者补注：写作此文时，拉登尚未被美国人击毙。）

我今天忽然想起他来，当然并不是发现了拉登藏身之地的新线索，而是想到了中国人对他的两种译名相持不下的有趣现象。

前些年，拉登刚刚进入传媒的视线，被译作"拉登"。由于这厮闹得全世界鸡飞狗跳，所以媒体上出现的频率越来越高，最后到了无人不知的程度。"拉登"二字已经牢牢地占领了受众的记忆。这时候，忽然见到一两家报刊，在有关的各种消息中使用"拉丹"这个译名。还见到有文章解释"拉丹"为什么比"拉登"译得更好。采用"拉丹"的一派，是官方通讯社新华社的报刊。新华社有关部门似乎是受命专门搞定译名标准化的，应该说，来头大，对敲定译名有某种权威性（近日拜读一位专家的著作，他对这种部门的权威性表示出可以商榷的态度）。可事情就邪了门了，这"规范"过的译名

"拉丹"愣是没有人理睬，电视节目也罢，铺天盖地的报刊也罢，还是"拉登""拉登"地我行我素，谁也没有要改的意思。

这时候，一个有趣的情况出现了：一面是不多的几家媒体在用"拉丹"，另一面是其他多数传媒，使用"拉登"。于是，在中国传媒上出现了一个很需要统一起来、却一直统一不了的译名。我不怕麻烦，在网上利用搜索引擎做了一个统计。使用"拉登"的消息 2420000 条，使用"拉丹"的消息 110000 条，"拉登派"差不多是"拉丹派"的 13 倍。读者的直觉，"拉丹派"可能还要少一些。

解决这个问题的办法有几个：一、由政府有关部门强行规定，大家一律采用标准化的"拉丹"。二、召开一个座谈会，由有关方面的专家和新闻主管部门参加，大家畅所欲言，摆一摆到底是用"拉登"好，还是用"拉丹"好。看看能不能达成共识。三、少数服从多数，"拉丹"一派干脆从众算了，也不是什么原则问题，就"拉登"了也没有什么损失，不丢什么面子，免得大家读报纸被不同的译名弄得十分闹心。四、最简单的办法，也是没有办法的办法，就是大家继续各说各话，各行其是，"丹"水不犯"登"水。等拉登不在了，他的名字的使用频率也就急剧下降，问题也就自然消灭了。

第一个办法不妥。他拉登算什么，还要劳动中国的有关部门为他的译名下个文件？这也太抬举他了，不行。第二个办法，开会，这是我们研究学术或者开展各项工作的强项，但这要占用专家和政府工作人员的宝贵时间，似乎也不值得，毕竟这个问题也太小了。少数派原本觉得自己具有权威性，这回轻易就倒戈了，也太栽面儿。第四个办法可以不说，根本算不上一个主动解决问题的办法。那么，就剩下第三个了，就是请新华社的几家报刊委屈一下，随大流，也"拉登"算了。

我倾向于第三种办法。译名标准化是好，但要搞得及时才行。一个译名出现，大家已然叫开了，就有了约定俗成的流通资格，没有特别的理由，很难再改过来。譬如"熊猫",没有比这个错误更明显的了,可一旦约定俗成,中国十几亿人就都"熊猫"下去,没有改成"猫熊"。其实明明是猫熊么!其次,就"登""丹"二字的选择而言,也很难说"丹"就比"登"好到哪里去。相反,读起来,似乎"登"更顺口一些。再次,港澳台的媒体也习惯用"拉登"。在译名上,我们还是尽可能地统一一些,避免差异太大,沟通不便。"拉丹派"坚持到底,也说不上什么"光荣的孤立",弃"丹"从"登",也没什么丧失原则立场的大错误可犯。这种事情,用不着这么较劲。

翻译趣闻种种

一

某次，一位外国客人感冒发烧，医生诊断后开了一瓶药。瓶里的药水有些沉淀，医生嘱咐说，服药的时候，摇晃几下，再喝。陪同看病的年轻翻译不知道"沉淀""摇晃"这两个词怎么翻译，这时脑子里闪现出大学上体育课时，时常在垫子上做翻滚动作的"滚翻"这个词。于是，他给病人翻译说："吃药之前，要滚翻，并要多做几次，效果会更好。"病人虽然心怀疑虑，却以为这是神奇的中医的特殊要求。送走医生和翻译之后，病人开始在床上滚翻起来，直到出了满头大汗，方开始吃药。

算病人幸运，因为他患的是感冒，出点汗，喝点水，吃点药，很快就好了，他也许还很佩服这"滚翻"的独家秘籍的明显疗效呢。可他若是患了严禁运动的急腹症或者心血管疾病呢？

二

一位某国的外交官正在面对着法国的听众发表演说。他自恃法语不错，用法语谈起他的经历。他想说的意思是：当他回首往事时，发现自己的经历是由两部分组成的。没想到，这样一句平淡无奇的话，却引起了哄堂大笑。原来，他讲的"回头看看自己的背后"这个"背后"，在法语中也有"屁股"的意思。于是，他的话便成了"当我回头看看自己的屁股，发觉它是由两部分组成的"。这话当然没错，只是尽人皆知，无须郑重指出，尤其是这么一个大家一般都羞于提及的敏感的身体部位。

三

又是一位外交官。

这位讲的是英语："女士们、先生们，我谨代表我妻子和我本人，表示我们很高兴来到印尼的巨港市。"

翻译的话完全走了样："女士们、先生们，我谨在我妻子上面，表示我很高兴来到巨港市。"翻译把"代表"一词翻译成了"在……上面"。

四

有的外交家指出，最棒的口译效果，有时跟翻译本身毫无关系。

一位亚洲国家的部长，在韩国的首尔参加宴会。他在宴会上讲了一个很长的笑话。不知道是因为文化背景的差异还是什么原因，在场的韩国译员显然是没有听懂，而且是越听越糊涂了。他只能大致断定，这位部长正在兴趣盎然地讲一个笑话。

然而，令译员尴尬或者狼狈的场面并没有出现。只见这位译员轻轻松松地说了几句话，就把听众全都逗乐了，而且大家还纷纷鼓起掌来。

这位部长不能不佩服译员的高超翻译水平，这么短短的一两句话，就能把这样复杂的一个笑话翻译过来，还能引起这样强烈的反响。纳闷之余，他便向译员请教。

这位翻译只好实话实说："部长，坦率地说，我没听懂您的幽默，所以，我当时用韩语说，部长讲了一个笑话，请大家开怀大笑，并鼓掌致意！"

五

汉语的"干杯"，英语叫"Cheers"。在 20 世纪相当长的一段时间内，人们常把"干杯"翻译成"Bottoms Up"。这个短语原是美国的一句俚语，意思是"底儿朝上"，也就是"把杯底翻过来"。

在某地方举办的一次晚宴上，一位官员站起来高举酒杯祝酒。大家喝过之后，他发现主宾的夫人没有把酒喝掉。于是，他便对他那位主宾说："your wife, bottom up!"这个"bottoms"可以是"杯底儿"的"底儿"，在俚语中也可以是人的臀部。请主宾的夫人把"底儿"亮出来的建议，让在场的人们一阵尴尬和难堪。

六

现在，北京的公共汽车和电车上，普遍使用中英双语报站。有些线路上的英语报站，语音不准，语速太快，乘客根本听不懂，有的线路上的英语报站，清楚倒是很清楚了，但又说错了。例如，报站人先用中文说"请下车"，接着又说"Please get out！""Get out"是一句骂人的话，"滚出去"的意思。

这种报站，还不如没有。

七

北京某菜市场的"干果区"，英文告示牌上就写成 fuck the fruit area，亦即可与水果发生性关系的地方。还有卖场"干货"的标志，英文直接翻译成 fuck goods；"干面"被译成 fuck noodle；而免洗杯、免洗碗等"一次性用品"，则被翻译成 a time sex thing（一次性交行为的东西），令人喷饭。顺便说一句，当初汉字简化时，如果不把"乾净"的"乾"字简化成"干"，"乾湿"的"乾"怎么也不会同"干"或者"幹"经常打起裹缠不清的官司。笔者一直怀疑这种翻译是一种恶作剧，因为"干"字意义很多，干吗偏偏要往性事上翻译？

童子鸡是中国的一道传统菜肴，有些饭店的菜单上翻译成"chicken without sexual life"（还没有性生活的鸡），叫老外看傻了眼。

八

网上这方面的笑料更多。

一种类似豆面糕的北京小吃"驴打滚"被译成 rolling donkey（翻滚的驴子）。"麻婆豆腐"变成"beancurd made by a pockmarked woman"（由一个麻子脸妇女做的豆腐）。

一位澳洲青年说，他看过最莫名其妙的菜单翻译是：tiger dish（老虎菜）。他当时吓了一跳，心想："老虎不是受保护的动物吗？他们怎么敢吃老虎肉呢？"后来才知道，那道菜和老虎完全没有关系，只是用番茄、灯笼椒和洋葱等食材做成的冷盘，因为味道比较辣，所以才叫成"老虎菜"。

在北京，有的餐馆提供的不是"fast food"（快餐），而是弄错了一个字母，成了"fart food"（屁餐）。北京国际机场的紧急出口上标有"平时禁止入内"的告示牌，相对照的英文却写成 no entry on peace time（和平时期禁止入内）。北京的中华民族园，是介绍中国各少数民族文化习俗的公园，牌子上的英文却被写成 Racist Park（种族主义者公园），也不知道后来更正了没有。

"广场"啊，你在哪里？

改革开放后的中国城市，一天一个样。发展速度快的，比方说上海，地图几个月就得刷新一次，否则就不大好用了。其实，北京也差不了多少，几个月不见，一些地方的模样就难以辨认。建筑物"噌噌"地拔地而起，大楼的名目也日益繁多起来，宾馆、酒店、写字楼云云，太稀松平常了，近些年，比较行时的，是"花园"和"广场"。如果你见了"××花园"就要去赏花、散步，肯定会大失所望，那里可能只是一个普通的居民小区；如果你见了"××广场"就要去溜旱冰或者放风筝，也肯定要败兴而归，因为你根本找不到多大宽绰的地面，那里很可能就是一个商贸大楼。此"广场"，非彼广场也。

北京就有不少这样的"广场"：王府井南面的"东方广场"、西单的"时代广场"、四惠桥附近的"惠通时代广场"、炎黄艺术馆附近的"飘亮广场"，等等。到了这样的"广场"，迎面是一幢或者一片商贸楼房，见不到一块稍微宽敞一点的空地。这就不免令人心生疑惑：这叫什么"广场"呢？

近日读了胡言先生的解释方知，这都是一个西班牙词惹的祸。这个词就是"plaza"。"plaza"的权威释义是"（城市中的）广场；集市场所"。据说，这里的两个释义，其实是一个意思：在欧洲的西班牙等国家的城市里，人们利用一些比较宽敞的场地摆摊做买卖。这种地方就叫"plaza"。大概就是我们这里的集市吧？记得中亚和西亚的一些民族，称集市为"巴扎"，听声音，兴许在词源上同"plaza"有点关系。露天的"plaza"毕竟有诸多的不便，无法躲避风雨和严寒，于是，有些便移进了建筑物，这些建筑物随之也就被称为"plaza"。这时的大楼"plaza"，当然已经丧失了广场的特点，但"集市"的功能还保留着。在中国，人们会把这种建筑叫作"商厦""经贸大楼"或者"购物中心"。中国农村小镇上常有集市。农民到集市上去，叫"上集"或者"赶集"。有些地方叫"赶圩"，有些地方叫"赶场"。"赶场"的这个"场"，就和上面说的摆摊卖货的"广场"对上景了。

叫"商厦"不是很好么？不行，太土气，没有品位，而一叫"广场"，就不同了，很玄妙，令人糊涂，身价也就高贵多了。其实，语言之于客观事物，是"名"与"实"的关系。"名"要副"实"是最基本的要求。名实不符所造成的混乱和不便，对任何人，包括混乱的制造者，都没有什么好处。我们似乎想不出来，汉语的"广场"二字如何能给一座商厦带来更多的经济效益。

在西文里，真正的"广场"是"square"，"plaza"是"空场上的集市场所"，两个词各管一摊，本不相扰的，只不过在"空旷宽敞的地面"这个意思上，有一点儿交集。而在"plaza"进了大楼以后，它无法把那个"露天的空场"这个意思带进大楼，这种"plaza"，就干脆无法同"广场"联系在一起了。汉语却硬要将它译成"广场"，不管是出于崇洋，还是出于以讹传讹，反正最后都成了国际玩笑。

在西文的语境中，没有人会用"plaza"来取代"square"，表示"广场"。中国蹩脚的译者把大楼弄成"广场"，终于令中国人把"square"和"plaza"混淆一团，纠缠不清了。在"plaza"变成"广场"以后，我们惊奇地发现，

"广场"两个汉字成了人见人爱的宝贝，行情日日见涨，已经火得找不着北了。几乎任何一座建筑，也不管是银行还是房地产业，不管是证券交易所还是出租的写字楼……无处不是"广场"。在上海，"Grand Gateway"成了"港汇广场"，"Westgate Mall"成了"梅龙镇广场"，"Super Brand Mall"成了"正大广场"，"Shanghai landmark Department Store"成了"上海置地广场"，仿佛离开了"广场"，就不足以反映这些地方的气势。

"广场"如此泛化，把大家弄糊涂了。谁也不知道"广场"为何物，它到底能容纳多少含义。由于有的人并不清楚"广场"的曲折翻译历程，当把商贸大楼意义上的"广场"再译回西文时，我们瞠目结舌地发现：他们用的词已经不再是"plaza"，而是"square"了！

语文工作者面临一种窘境：要么，赶紧规范汉语"广场"之类词的用法，消除这种混乱；要么，向这种胡乱的译法妥协，在修订词典时不断为"广场"等词增补新义项。

其实，中国的译者如果想追求洋气，舍不得放弃"plaza"，办法多得很，用不着跟"广场"二字过不去。最老实的办法，是该叫什么就叫什么，实在喜欢"plaza"，就在确实是"plaza"性质的建筑物上，原封不动地挂上"plaza"。当然，也可以向日本人和韩国人学习，用本国的文字音译"plaza"，譬如说，中文不妨写成"普拉扎"。这不是也挺唬人的吗？

"哈日""哈韩"的"哈"是什么意思?

我们每天面对着一个五光十色的世界。新事物层出不穷,概括这些新事物,就得发明一些新词儿。再加上人们天生喜新厌旧,说腻味了的词儿,也想像丢臭袜子一样,甩到一边去,换一个说法,这样一来,我们就有点应接不暇了,常常会对着报纸上新出现的词儿发愣。如果请教一下年轻人,人家会嫌你老土,可怜哪,连这么时尚的东西都不懂呀。近些时候,"哈日""哈韩"或者"哈日族""哈韩族"里面的"哈",就把我给"哈"住了。

不明白可以查工具书。《现代汉语词典》中,除了阳平声没有"哈"的身影,其他三个声调中,"哈"字被细细地解释了一番,词条也近20个。可惜的是,哪个解释也解决不了"哈日""哈韩"中的"哈"的含义。牵强一点,也许"哈腰"这个词条能凑合着对付一下。"哈腰"的"哈",是弯腰的意思。但严格说来,这只是一个以腰部为拐点的折身动作,也就是把上身俯将下去,与地面更近了,本身并没有恭敬的意味。在"点头哈腰"里,"哈腰"俯身的角度并不大,要点是头和上身的运动频率要大一些,以表示对人的礼貌,但这种礼貌,多半是取悦,讨好,属于应付的性质,丝毫没有崇拜、服膺的心理，相反，出现"点头哈腰"的语境，往往都是油头滑脑的弱者在敷衍他面对的强者，在内心里，说不定还恨得不行呢。这根本描述不了"哈日""哈韩"那股狂热的崇拜、痴迷劲头。

有人说，"哈"字来自满语。满语里管拍马屁、献媚叫作"hadaba"。这个满语的来源有点意思。"hadaba"我们不懂，但我们知道"哈腰"和"点头哈腰"，这就给"哈"提供了极为形象的一个阐释。我想，"哈"字能成为一个及物动词，对自己喜欢的东西"哈"来"哈"去，还能在一定范围内流行开来，蔚成气候，恐怕"哈腰"在这里一定起到了不可或缺的桥梁作用。

在网上，见到有人讨论这个问题时，牵强附会地与"哈巴狗"扯到了一起，这就有点不敬了。帖子上说，"哈巴狗"有逢迎谄媚的含义。哈韩或哈日的"哈"大体上有两个意思：喜欢；贬低自己的追求、迎合。对此高论，不能苟同。不管日、韩该不该"哈"，哈日、哈韩有没有道理，毕竟都是年轻人一时的兴趣。这些兴趣爱好，只要不损害别人的利益，不宜粗暴干预，更不应该把"哈巴狗"也扯进来，伤了和气。

又有人说，"哈"源于台湾青少年文化的流行用语，意指"非常想要得到，近乎疯狂程度"，像"我很哈你"，就是代表"我疯狂地想要得到你"。"哈日""哈韩"是近年兴起的时髦词汇。它最早来自台湾，指的是盲目崇尚、追逐、模仿日本时尚的流行文化。论者解释说，"哈日"一词，本是闽南方言，意思是被太阳光毒晒中暑，意指中了"太阳毒"。"哈日族""哈韩族"就是指一群狂热追求日本和韩国流行娱乐文化，连穿着打扮、思想行为都仿效的人。这个解释有个很大的漏洞：中了"太阳毒"的闽南话的"哈日"，勉强可以借来描述沉迷于日本流行文化，也可说成"哈日"；可闽南话里的这个"哈日"跟韩国文化可是没有什么关系呀！"哈韩"二字的出处就无法解释了。由此可见，尽管"哈日""哈韩"台湾青少年说得较多，但用闽南话来求解"哈"或者"哈日"的来源，还是不成功。我请教了一位讲闽南话的博士生，他想了半天，也没想出闽南话中有"哈日"这样的词。

天无绝人之路。正在我被"哈"字折磨得很苦的时候，买到了一本叫作《胡言词典》的小册子。作者胡言先生学识渊博，思想活跃，又多年在日、韩两国任教，对日语、韩语都很在行。这样文化阅历的人来谈"哈日""哈韩"的"哈"，先就让人有了可信的感觉。

据胡言先生说，这个"哈日族"起源于日本的一个地名。这个地名叫"原宿"，是日本流行文化的发祥地。"原宿"两个汉字的日文读音，近似于"哈拉久古"。天可怜见，这个"哈拉久古"原本跟"哈"、跟"日"、跟"族"是半点关系也没有。可不知道是谁（笔者猜测，还是留日的中国学生，而且是把"如"读成"炉"的南方学生嫌疑最大），就把这个"哈拉久古"给音译成了"哈日族"。这回，这个"哈日族"（哈拉久古）可就不是日本国的一个地名了，而是痴迷日本流行文化的人群了（这里，原宿的文化背景又成为一个自然的过渡）。当然，这人群中肯定没有日本人，主要指的是中国人中的一小群。有了"哈腰"这个词垫底，"哈日"的意思，大致也能够猜个八九不离十。接下来的思路就是，既然日本流行文化可以"哈"，同样，"韩流"也未尝不可以"哈"。至此为止，"哈日""哈韩"的语源，总算是有了一个顺理成章的答案。

在北方人读起来，"哈拉久古"很难跟"哈日族"三个字的读音挨上边儿，二者的差异不小。但是，对没有"r"声母而惯用"l"声母来"替代"，"族"字作为入声字正好有一个"k"辅音收束的方言区的人来说，把"哈拉久古"音译成"哈日族"，大体上还是比较贴切的。

令我纳闷的是，中国一些青少年使用"哈"字，只"哈"日、韩两家，或者这么说：只在对日、韩两个国家用"哈"。痴迷法国流行文化或者痴迷美国流行文化的，也大有人在，可是就没听说"哈法"或者"哈美"的。这也许正是因为"哈日族"是留日学生的创造，"哈日""哈韩"还只能在东北亚流行罢？有人解释说，这"哈"，仅仅适用于部分国人对特定国家地域性文化的发烧现象,到了全世界各国都不乏拥趸的牛气冲天的地位,比方说对美国文化,就不能用"哈"了。这也是一说。

那么,"哈日""哈韩"的说法,能不能进入现代汉语的一般词汇呢?我看不大容易。首先,这种说法的流行面较窄,即便是年轻人,使用者也极有限,更多的人似懂非懂,这就决定了这个词使用频率不会太高;其次,年轻人的兴趣并不十分理性,也不是十分稳定,今天"哈日",明天可能就"哈巴(巴黎)"了,后天又"哈罗(罗马)"了。一旦这些人对日、韩的流行文化兴趣趋淡,这两个词也就过气了。而现实情况我们看得很清楚,无论是"韩流"还是"日流",也并不是每天都能汹涌澎湃地冲击过来的,各领风骚三五天,也就很不错了。除非"哈日族"和"哈韩族"气候越来越大,作为及物动词的"哈"字大行其道,"哈日""哈韩""哈美""哈德",能够一路"哈"下去,没准儿,这个新的动词就真的成活了。还有,"哈"的心态也不大健康。你可以喜欢,可以狂热,但一切都是为我所用,根本不必"哈"人家嘛。

对年轻人"哈日""哈韩"的现象,有的人不以为然,有的人痛心疾首。其实,这都大可不必。年轻人对新事物都有好奇的心理,他们在不同文化的交流碰撞中自会学会取舍,要相信年轻人的识别能力。另外,异族文化中也有许多值得借鉴的东西。中华文化的博大精深,还不是因为它是一个开放、活跃的体系么?从文化交流史上看,强势文化对弱势文化的辐射和冲击,是十分常见的现象。汉唐时代,周围各国,对中国的文化也是景仰得很,简直是举国上下都采取"拿来主义"。至今我们还能看到日、韩、越等国家在服饰上、文字上、文化观念上等等方面,留有中华文化的深刻印痕。现在的强势文化在西方,在欧美,尤其是美国。美国文化自有其先进的、值得借鉴的东西在,但毋庸讳言,也会有我们用不着或者有害的东西,需要拒绝。面对强势文化,何者是好东西,必须引进;何者是糟粕,必须摒弃;何者是文化侵略,必须抵挡,还真不是那么容易把握的。

那匹可怜的老马是我

《三套车》是一首很有代表性的俄罗斯民歌，那苍凉，那悲愤，那深沉，那无奈，能很快地攫住人们的情绪。万万没想到，对这首我深深喜爱、唱了几十年的歌，突然出现了带有颠覆性的新发现：歌词中"这匹可怜的老马"，原来不是马，而是一个心爱的姑娘。这真有点滑天下之大稽了。有句俗话说那些会变"魔术"的：眼睛一眨，老母鸡变鸭。这回可不是鸡鸭互变，是人畜的置换。

据报上介绍，这首原来叫作《瞧啊，驿站三套车在奔驰》的俄罗斯民歌，共有四段歌词。译者翻译了一、二、四这三段歌词，而这没译的第三段歌词恰恰又十分关键。歌词在这一段里交代："我恋爱快一年了，那恶霸村长欺压我，而我只能忍气吞声。"有了这样一个背景交代，下文就很容易理解了："圣诞节快到了，她不再属于我；那可恶的财主选中了她，她再也见不到欢乐的日子。"无疑，这是俄国版的《白毛女》了，是俄国的大春失去了喜儿的痛苦。由于译者不知为什么跳过了第三段，甚至也没研究一下第三段的意思，就率尔操觚，把一个阴性人称代词"她"的变格安到了一匹莫须有的老母马的身上。就这样，我们一群可怜的中国人，为这匹并不存在的老马伤了几十年的心。幸好，有一位懂俄语、见过歌词原文又喜欢较真的人，有机会同俄国人切磋这个问题了。他问俄国人："《三套车》里的'她'，是指姑娘还是指老马？"俄国人莫名其妙，连忙问："什么'老马'？《三套车》里哪来的老马？"问题至此真相大白。

这件事令我感慨不已。有的学者认为翻译工作是"小道""小技"，我认为是个"大道"。没有翻译，中国的佛教文化便无从谈起，马克思主义对中国的影响和作用也就无法想象。这"道"还能说小吗？翻译家对世界各国之间的文化交流贡献实在是太大了。

贡献大，责任也就重。翻译家就对自己的事业提出了较高的要求。18世纪的英国翻译家泰勒提出了翻译三原则：一、译文应完全复写出原作的思想；二、译文的风格和笔调与原文的性质相同；三、译文和原文同样流畅。其后，我国清代的著名学者严复，不知是受了泰勒的启发，还是出于自己翻译实践的体会，也许是二者兼而有之，他第一个提出了"信、达、雅"的标准。这个清晰、简要、全面、准确的概括，至今还被翻译家们奉为圭臬。日前，也曾见到反对"信、达、雅"三字标准的文章，仔细一读方知，论者自己理解有误，他是在同假想敌开战，不予理会也罢。

老翻译家们的工作都是极其严肃认真的。严复虽说采取意译，也是一丝不苟，用他自己的话来说，是"一名之立，旬月踟蹰"。翻译家的工作保证不出错误，谁也办不到（其他工作又有谁敢打这个包票？）。外国人翻译我们的作品，也是笑话连篇：有人把"烟笼寒水月笼沙"中的"笼"翻译成了"篮子"，有人把"黄洋界上炮声隆"翻成了"在黄色海洋的边界上，响起了隆隆的炮声"。这显然是一场海战的前奏，同井冈山的保卫战已毫无关系了。有些情况是对某种语言的规律认识不够，对一词多义的义项选择搞得不够准确，这只能在深入研究的过程中不断提高，力求使翻译的东西更信、更达、更雅。

《列宁全集》中有一篇著作，1926年在上海的一家杂志上被译为《党的文学与党的出版物》。在新中国成立后出版的《列宁全集》中被译为《党的组织与党的文学》。后来翻译家们认为，还是译为《党的组织与党的出版物》更妥帖，于是便在新出版的《列宁全集》中改正过来。这种改动恰恰证明了翻译家们严肃、郑重的负责态度。

把话再扯回到《三套车》上来，就觉得译者虚构出一匹跟马车夫"走遍天涯"的"老马"，未免过于随意。好在这只是一首歌，在歌厅里"卡拉"一番，管它是"老马"还是"姑娘"，造不成什么损失，那个青年马车夫和他的女友也不大可能跑来抗议。如果是在翻译马克思主义经典作家的一个重要观点时"虚构"了一点什么，那就会产生不堪设想的后果。在因翻译不准确而造成麻烦方面，我们其实并不缺少教训。平心而论，我们几乎永远也摆脱不了被翻译家们有意或无意愚弄的命运。我们大部分人不懂外语，懂外语的人也不过懂上一种或几种，你总不可能懂得所有的外语吧？所以我们注定要听人家的，受益就算是占了便宜，上当也是无可奈何。我们只能恳求翻译家们更加认真地从事这份重要的事业。

岂止是在翻译界？都是中国话，"夔一足"和"穿井得一人"就都传出了喜剧性的效果。现在的一些中央精神，由于对某些人的利益有所损害而被曲解的还少吗？也有的是水平和素质不高的问题。"文化大革命"期间，我在辽南某地工作。当时那里正在预防地震。一家工厂的厂长在传达上级的精神时，把"我们立足于早震、大震"理解错了。他对工人们说："上边说了，我们希望它早震、大震！"工人们听了十分生气，说："这是什么指示精神？这不是反革命言论吗？"

在许多情况下，我们不得不承认，我们自己才是那匹可怜的、懵懵懂懂的被人牵来牵去的老马。

你知道什么叫"嘉年华"么？

近几年来，我们常能见到"嘉年华"的广告，也能看到或者听说"嘉年华"的盛大演出，可如果问一下什么是"嘉年华"，我估计十个人中可能有九个半回答不出来。

"嘉年华"原来是一个具有特定宗教内容的"狂欢节"。是什么特定的内容呢？是天主教的一个"谢肉祭"。原来，天主教有一个"四旬斋"，从这一天起就要"斋戒"（佛教中的说法）一些日子了。在斋戒前举行一个狂欢节，大吃大喝一顿，要暂时跟肉告别一下，所以叫"谢肉祭"。"谢"这里不是感谢，是告辞的意思。这时候乐呵一阵子，多吃点肉，也是为了在身上多储备点营养，以免在斋戒期间饿瘦了。

可是，"嘉年华"这三个字，无论是跟"谢肉祭"还是"狂欢节"都挨不上边呀！是的，从汉字上看，毫无关系，但从发音上听，就有些关系了。"谢肉祭"的洋文是 carnival，香港人读起来，跟"嘉年华"就差不多了。意大利语 carne 是肉的意思，carnival 就是"跟肉告别"了。费这么大的劲，我们才得以知道，原来"嘉年华"拐了这么大的几道弯儿！有的人还夸奖，说这个

"嘉年华"音译得如何如何好。我则以为，还不如老老实实干脆就译成"狂欢节"，至于"谢肉"不"谢肉"的，中国人也不大关心，我们离天主教太远了。再说，香港人的"嘉年华"跟天主教的"谢肉祭"又有多大的关系？谁能从"嘉年华"联想到"谢肉祭"？

写到这里，心里突然又犯了嘀咕。译者不搞什么"谢肉祭"，可以理解，因为中国人不感兴趣。但为什么不翻译成"狂欢节"，而偏偏弄出来一个音译"嘉年华"，就值得捉摸。第一次翻译的人肯定是考虑过这个问题。中国人不知道是本性拘谨，还是被多年的封建专制把活力给戕害殆尽了，总之，很难"狂欢"起来。说不定，闹出一个"狂欢节"来，会把不少人吓坏了，因为"狂欢节"几个字把大家吓得躲到远远的地方，这生意还怎么做？如此看来，搞一个含蓄的、甚至谁也说不清楚什么意思的"嘉年华"，倒是一个不错的主意。"嘉年华"不妨理解为"好时光"。狂欢不狂欢，都不要紧，大家放松心境，都来快快乐乐地度过好时光，才是真的。

日、韩特有的汉字需不需要翻译？

　　一日，电视新闻中报道了韩国总统任命韩悳洙为总理。电视屏幕上出现了我们不常见的"悳"字。我顺手抄过《新华字典》一查，原来这是已经被规范到"德"字户头下的一个异体字，也就是说，在中国的媒体上，"悳"的存在权利早已经被剥夺了，如果在某些输入软件中找不到这个字，绝不能认为这个软件不合格。

　　那么，这个没有资格抛头露面的"悳"字，为什么忽然地又能大模大样地在互联网上、在电视屏幕上出现呢？原来，它是借了韩国人的光。在韩国的汉字中，"悳"字还是存在的，还在被使用着。这就出现了一个问题，那就是怎么对待韩国人使用的汉字。如果这个字同中国现行使用的汉字相同，事情就十分好办，原样挪过来就是了。而如果韩国使用的汉字同中国现行使用的汉字不一样，事情就有点麻烦。现行的中国汉字，经过了简化和规范化，整理掉的汉字数量不小。中国引用韩国地名、人名时，如果这些词用的是被我们简化或者规范前的汉字，就要有一个处理的原则。最简单的方法，就是不处理，原样端过来，放在中国媒体上。另一种处理方法，是按照中国现行的规矩办，只要你用的汉字超出了现行汉字的范围，就应该规规矩矩地转换为法定的现行汉字。

"悳"字正是这样一个中国早已经不使用的异体字，按理说，应该入乡随俗，转换为中国规范用字"德"字。然而，现在我们看到，媒体是原封不动地把"悳"字端了过来，直接放到了中国观众和读者面前。这个字，如果是某一位中国人在文章中使用了，我们可以肯定，它绝无露脸的机会，任何一家报纸或者杂志的编辑都会毫不犹豫地把它改掉。那么，韩国人的姓名用字就能享有这种特别优惠的待遇？

与这个例子有点类似的情况，是我们对待日本人名用字的办法。日本人的名字，有些奇奇怪怪的字，我们的传媒同样是原汤原水地端到中国来。有的日本人的姓名中有这样一个怪字："辻"字。这本来是日本人自己创造的一个"汉字"。然而，就是这样一个舶来品，我们也是原样放在报刊上，让大家跟它见面，既不知道它念什么，也不知道是什么意思。最叫人想不明白的是，这个"辻"字不知什么时候还大模大样地登堂入室，走进了中国的《现代汉语词典》。词典上说，这是日本汉字，"十字路口"的意思，多用于日本姓名。日本汉字凭什么不打招呼就入侵中国的词典？日本人创造的汉字多啦，为什么单单这个"辻"就能混进中国籍？"辻"字从偷渡到合法取得国籍，到底办了归化手续没有？是什么人给办的？引进的理由何在？类似"辻"字这样的日本汉字，以后还给不给入籍？这种偷渡的非法移民能堂而皇之地取得合法身份，应该追查一下是谁的责任。

由于许多汉字在中日两种语言中有辫扯不清的关系，所以多年来对日语中的汉字的处理比较随意。现代汉语中的不少学术词汇、科技词汇等都是从日本借来的，这些词汇是日本人用汉字创造的，我们拿来就用，时间长了还以为是自己的东西。也许这样做太顺手了，遇到意思与汉语的意思有重叠或者交叉部分的日语词汇，也照此办理，拿来就用，这就出现了生吞活剥的现象。譬如说，日语中的"料理"一词，至少有五个义项：（1）做菜，烹调；（2）菜，饭菜；（3）处理，办理；（4）饭馆；（5）带有女招待的饭馆。而在现代汉语中，"料理"就是料理，也就是办理，处理。中国许多大城市的街面上，都能见到"日本料理"的大字招牌，按中国人的理解，这个餐馆可能是日本人管理。有几个人能想到，这里的"料理"原来是"餐馆"或者"菜"的意思呢？

关于原封不动地移植日本词语，我还见到一个更有趣的例子。20 世纪 90 年代，日本一个名牌眼镜"野尻"的宣传招贴画和专卖店出现在我国一些城市的繁华商业区。1996 年 7 月，一场关于"野尻"的讨论在报纸上掀起。批评者认为，这是一个"不良商标"，因为"野尻"就是"野屁股"，很不雅，污染环境，违反了我国商标法的有关规定，应予禁止。反驳者则认为，"野尻"是日本的一个地名，"野尻"的本义，是旷野的尽头或边缘地区。另外，古汉语中，"尻"也不仅仅是"屁股"，《楚辞·天问》中就有"昆仑悬圃，其尻安在"之说。总之，与"屁股"无关。这场热闹的讨论的双方，都丢掉了"野尻"不应该出现的最根本的理由："野尻"是日本语的一个词，它没有任何理由未经翻译直接出现在汉语环境中。人们总是因为这些词是以汉字的形式出现，就被表象蒙蔽了。

2008 年的 2 月底，日本一位军方高官到中国访问。这位名叫斋藤隆的海军上将的职务是"统合幕僚长"。在有的报纸和电视上，就是这样介绍的。什么叫"统合幕僚长"？"统合"，碰巧了，在汉语里也能算个词，"统一，综合"之意。"幕僚"中国人也不生疏。"长"就是首长啦，更熟悉。这能不能说明"统合幕僚长"就是中国话了呢？当然不能。鬼才知道这个"统合幕僚长"到底是干什么的角色。翻了日汉词典才知道，这原来就是我们常说的"总参谋长"，美国人可能叫作"参谋长联席会议主席"。这是何苦呢？为什么不能翻译成"总参谋长"呢？这消息过了一两天的发酵期后，终于见到有人把"统合幕僚长"翻译成"联合参谋长"了，叫人感动得不得了。可惜好事做得不彻底，就在这篇报道的结尾，"统合幕僚长"又露出了原形："……据悉，这是2006年3月日本为统辖陆海空三自卫队而设置统合幕僚长一职以来，自卫队最高武官的首次访华。"

这种对日韩汉字原装进口的办法，应该引起人们的高度警惕。对有关方面的失察，也应该有一个制约监督的机制才行。

天下独一份的"国务卿"

美国的政府里面有个官职，叫作"国务卿"。印象最深刻的，是那个对改善中美关系做出过杰出贡献的国务卿基辛格。离我们最近的两位，赖斯和希拉里·克林顿，国人也不陌生。我从小到大，对这个其他国家都没有的"国务卿"的名堂，始终没闹明白。这到底是个什么官儿呢？

近来，有了闲暇，我就打开词典，看看国务卿是个什么位置，多大个级别，都管些什么事情。手头最权威的词典，就是《现代汉语词典》，圈里人习称为"现汉"的。在"国务卿"的词条下面，有两个义项：①民国初年协助大总统处理国务的人；②美国国务院的领导人，由总统任命。

敢情，这"国务卿"咱中国也有过，只不过寿命不永，转瞬即逝，谁也没有留下什么印象。近日读报得知，"国务卿"这个词的出现，跟袁世凯大有关系，他至少能得到一半的专利。原来，1913年袁世凯胁迫当时的国会"选"他当了总统。可他的终极目标是皇帝，"选"总统只是热热身。而当皇帝，国会和国务院就有些碍手碍脚了。于是，他在1914年的上半年先后解散了国会，撤销了国务院和国务总理，在总统府附设"政事堂"，"政事堂"的首席长官，即唤作"国务卿"。这劳什子是干什么的呢？袁世凯规定："行政以大总统为首长，置国务卿一人赞襄之。"从这里看，国务卿就是总统的助手，这助手既不是总理，也不是宰相，是个可以随便更替、随意差遣的角色，前后有徐世昌、陆征祥、段祺瑞三人充任。这恐怕是袁世凯跟历代皇帝学习的手段。一些皇帝怕宰相权力太大，轻易不肯下文任命宰相，你可以干宰相的活儿，但不能顶宰相的名，给你个"同中书门下平章事"之类的含含糊糊的官衔对付着。近日看《羊城晚报》上杨万翔先生的一篇说国务卿的文章，作者推测，把英文"The Secretary of State"首译为"国务卿"的，很可能是林则徐的曾孙林步随，因为他曾任袁世凯的美国顾问古德诺的译员。袁世凯一玩完，中国的"国务卿"就寿终正寝，成了文物了。这样，全世界只剩下美国这独一份的"国务卿"了。

原来，在美国，这"国务卿"是国务院的领导人。这一点毫不含糊，跟袁世凯的国务卿大不相同。但美国这位国务院的负责人，还是让人不得要领。因为美国的国务院本身，人们就比较陌生，它不怎么露脸儿，只见国务卿在那里上蹿下跳，给总统当助手，而且也只不过是个外交事务上的助手。好像没见哪个国务卿像我们的国务院总理那样，领导国务院开展全面的工作。我的这个印象，后来在柏杨的一本书里得到了印证。柏杨在书里就直接把国务卿解释为外交部长。这就对了，国务卿可不就是个外交部长嘛！难怪美国政府从来就没有外交部长一职。后来得到高人的指点才知道，原来，美国的国务院也就大致相当于其他国家的外交部。而美国相当于其他国家国务院的机构，是联邦政府。这个"国务院"也真是把人误导得够呛。

印象归印象，一切还是得以文字表述为准。那么，美国人自己是怎么称呼这个"国务卿"的呢？他们对这个职务的原版说法是"The Secretary of State"，直接翻译过来，就是国务书记。据懂英语的人介绍，这 Secretary 属于多功能的词，是见什么人说什么话的。在共产党世界里，这 Secretary 被翻译成书记，大概是因为共产党是劳苦大众的政党，其负责人强调为人民服务的宗旨吧。而到了英国的皇家政府，Secretary 又成了"大臣"，到了共和国的政府，它就变成部长了。那么，我们把美国的国务卿给翻译成"外交部长"行不行，好像有点强加于人。那么，国务书记就国务书记吧，也行，咱只要清楚这个国务书记是干什么的也就行了，不耽误什么事。可是干吗要译作"国务卿"呢？干"卿"底事？"三公九卿""卿相"里面的"卿"，是封建社会的大臣。美国是个民主国家，没有皇帝，当然也就不可能有什么"卿"之类的大臣。所以用"国务卿"来翻译这个"国务书记"，实在是滑天下之大稽。这样把连中国人都不用了的一个封建色彩浓郁的称呼强加给美国人，最起码也是有点失礼。到如今，我们发现，除了美国，再也没有一个政府有这么个奇怪的官职。我们的翻译家让这个官职在美国一枝独秀，而且从来没有考虑重新翻译一下。这个"国务卿"好生孤独！

东西方文化背景不同，封建社会遗迹清扫得不干净的中国，在翻译方面也会不时地留下种种等级观念的痕迹。除了"国务卿"，"白宫""总统"等词的翻译，也都存在类似的问题。白宫的原文"White House"，直接翻译过来，也就是"白房子"。中国的翻译家一看，堂堂的大总统居住和工作的所在，非宫殿而何？"白房子"成何体统？太一般了，太普通了，一点派头也没有。于是，大笔一挥，就成了"白宫"。总统的原文，是"President"，也就是一个单位的首长。商行、学校、会社的领导，不管是董事长还是总经理，一概都可称之为"President"。由于全美国到处都是"President"，所以，美国人对"总统"，就用不着太当一回事，像对待皇帝一样。而在中国就不一样了。"总统"这个词，跟"皇帝"差不太多，只能一个人专用。如果各个单位都有一个"皇帝"或者"总统"，那还像什么样子？

由美国的国务卿，又联想到其他国家的政府部门、社会组织的翻译。日本政府有厚生省，有大藏省，你知道这是什么省吗？我也不知道。我只知道，这"省"和目前中国的行省的意思无关，跟中国古代的政府部门设置意思有点相近。"厚生"似乎跟重视百姓生活有关，"大藏"，是大大地藏起来，不是小小地藏起来，大概是仓库吧？总之，全是一些似是而非的印象。查了一本比两块砖头还要厚的日汉词典，才知道，"厚生"，是"福利保健"，"厚生省"原来是"卫生福利部"。"大藏省"原来是"财政部"。说到这里，我们就要感谢"国务卿"的发明者，这位翻译家毕竟还是把美国人的这个职务不准确地翻译过来，让我们知道这是美国的一个官职，而这些"厚生省""大藏省"则是原汁原味地把日本人的几个汉字端进了我们汉语的文章里，根本不管你明白还是不明白。是因为日本人用的汉字看着"脸熟"，就不给我们翻译了么？

我又想到了俄罗斯的"国家杜马"、蒙古的"大呼拉尔"等原封不动地塞给中国人的音译作品，我就不相信汉语里找不出大致贴切、能让中国人明白的译法来！

外文字母能不能进入汉语？

日前，读到一篇谈汉语译名的文章，对"卡拉 OK"四个字在汉字中大模大样地晃来晃去表示了义愤。作者捍卫祖国语言的纯洁和健康的强烈意识，是十分可贵的。我基本上赞同作者的意见，但对外文字母在汉语中出现的现象，则主张持一种从严控制但不一概排斥的态度。

汉语造词能力强，表现力丰富，是人所公认的。对待外来的事物和概念的翻译，已经积累了相当丰富的经验。五四前后，一度有大量的外来语被趸进中国，因来势凶猛，大多是生吞活剥，原装引进。"烟士披里纯""赛因斯""德律风"等词在当时的报刊上横冲直撞。等汉语分泌出胃液，把这些外来语消化之后，一切就变得有序化、科学化、合理化了。这时，上述的几个词就变成了"灵感""科学""电话"。谁都不会否认，汉语的意译或者半音译、半意译，要比原装的全音译好得多。音译就全拒绝么？也不必。古代音译的"葡萄"，近代音译的"沙发"，也很好，大可不必另造新词。

外国字到底能不能进入汉字的队伍？答案不应过于绝对，要有具体的分析。阿拉伯数字是外国字，放在汉字中也不大好看，不大协调，但没办法，早已名正言顺地打了进来。说到数字，还有一件令人尴尬的事情，这就是"〇"的"入籍"。早先，我们在写"1990年"的时候，是要写成"一九九零年"的。汉字中没有"〇"这个字。现在有了，而且正式入了籍，编进了《新华字典》和《现代汉语词典》，当然同阿拉伯数字中的"0"有所不同，为了同方块字接近一些，它由扁的变成圆的了。说它是投降也好，是归化也好，是引进也好，是招聘也好，总之是编入了汉语的建制，而且是在大家没怎么注意的情况下，悄悄进入的。

就在刊载谈"卡拉OK"这篇文章的同一张报纸上，有一篇题为《西方股市大幅下跌》的文章，有这样一段文字："法兰克福股市DAX30种股票指数下跌4%，至2791.72点。"我手边还有一篇题为《视窗95下的F8》的文章。文章一开头便说："如果你在电脑上安装了WINDOWS95，但有时又想用原来的DOS系统下的软件，便可用F8键来转换。"像这样的一些行业、专业术语，恐怕也只好以原形进入汉字的文章，没必要转化成汉语，有些甚至也没法转化。还有像美国的NBA，像电脑语言中常用的DOS等术语，也是原形出现才更方便一些，真要是每次都把它们译得详细而准确，反倒是自添麻烦和累赘，也没有必要。像"维生素C""维生素B_2"，大家已经习惯了，非要译作"维生素丙""维生素乙二"，反倒不得劲儿。

多年前，读过郭沫若先生的文章，记得他是主张在提到外国的人名和地名时用外文的，至少用括号在后面标示出来。这建议是睿智而富于远见的。大陆和港台各家媒体，常常把同一个人、同一个概念翻译得五花八门，让人莫名其妙。这一弊端，除了动用原文，怕是没有更好的办法了。

这两年有一件有关的趣事不妨一提。某地有一位大学生，被父亲取了一个叫作"赵C"的名字。据说，他的父亲是为了表示爱国才这样做的，这个"C"不是一般的"C"，乃是"CHINA"的意思。由于当地户籍部门不允许使用，赵C把这户籍部门告上了法庭。叫人们大跌眼镜的是，一审下来，赵C

先生居然胜诉。当然，官司再往下打，国家有关部门就出面制止了，国人的汉字姓名中就是不宜出现西文字母。也在电视上见到几位学者模样的人在那里激昂慷慨地替赵 C 抱不平，理由是，时代变了，人们都在张扬个性，求新求异，取个奇怪的名字，应该是一个人的正常权利云云。我却认为，这些人对汉语的纯洁性极端地不负责任。国人的姓名用字，跟"卡拉 OK"还不一样，是最容不得乱来的。如果国人的名字里都充满了奇形怪状的字母（有人想在名字中搞几个英文字母，那么有人要用希腊字母行不行？应该也行，一视同仁么。那么阿拉伯字母呢？也不能禁止吧？），我们的户籍管理，我们的人际交往，我们的媒体工作，都将是一片混乱。我们的文化传统也要受到挑战。

最后，回到"卡拉 OK"的讨论上来，我倒是觉得，既然人们长期以来用惯了这个洋词儿，就沿用下去也没有什么要紧。若译成"客来讴歌""随乐唱"或者"空白乐队"，怕也不易流行。

"西伯利亚"，你让我琢磨了几十年哪！

从小就知道，北边的苏联有个西伯利亚，那是个天寒地冻的苦地方。读俄国小说，看俄国历史，知道沙皇动不动就把犯人（印象最深的是十二月革命党人）打发到那里折磨上若干年，由于气候恶劣，这些流放的囚徒，死掉的多，活下来的少。

那时候就琢磨，那地方为什么叫"西伯利亚"呢？按照通常的地名常识推断，自己就暗想，想必那里的大地名就叫"伯利亚"，"伯利亚"东部，就叫"东伯利亚"，"伯利亚"的西部，就叫"西伯利亚"。然而没有。既没有"伯利亚"，也没有"东伯利亚"，只有"西伯利亚"，"西伯利亚"不能拆卸。看看俄罗斯的地图，会发现西伯利亚地盘很大。在乌拉尔山脉和叶尼塞河之间的广阔地带，叫作西西伯利亚平原。在叶尼塞河与勒拿河之间，是中西伯利亚高原，这个高原的北面，是北西伯利亚低地。东面，大概就是"东西伯利亚"了。"西西伯利亚"也罢，"东西伯利亚"也罢，"中西伯利亚"也罢，"北西伯利亚"也罢，"南西伯利亚"也罢，都是"西伯利亚"的一部分。"西伯利亚"是一个整体，它的"西"，除了表示了一个音节外，没给我们提供任何其他有用的信息。

那地方为什么叫"西伯利亚"呢？为什么有个"西"呢？这个"西"又为什么不表示方位呢？这个问题折磨了我几十年。也想请教请教别人，只是不知道问谁。

前几年，很偶然地读了一本书，才豁然明白，原来，"西伯利亚"是一个完整的译音词，"西伯"和我们历史上的"鲜卑"或者说现在我们熟悉的"锡伯"有点关系，"利亚"好理解，似乎跟"巴基斯坦"的"斯坦""英格兰"的"兰"差不多，东欧不是有"保加利亚"么。总之，这里的"西"，和方位概念毫无关系。

写到这里，就难免对当初的地名翻译家有点恼火。地名这东西，你最好是能翻出点来龙去脉，譬如说，你把"西伯利亚"翻成"锡伯利亚"或者"鲜卑利亚"，人家一看就知道，哦，这里早先是鲜卑人或者锡伯人活动的地方，连地理带历史就都有了。这知识似乎也并不冷僻，鲁迅在《摩罗诗力说》中谈到普希金差点被流放到西伯利亚时，就是把西伯利亚称为"鲜卑"的。你不用"锡伯"或者"鲜卑"也行，你可以译成"希波利亚"或者"席博利亚"呀，干吗弄出一个"西"字来误导我们呢？

翻译外国的地名和西人的姓氏，弄出有意义误导的字眼来，乃是翻译家的大忌。"西班牙"的"西"和"牙"都是败笔，因为没有"东班牙"与之相对，这个国家跟牙也毫无瓜葛，就像"莫三鼻给"跟鼻子毫无关系一样。最滑稽的，莫过于美国的美人儿玛丽莲·梦露了。这位美人儿姓什么呢？姓 Monroe，原本跟美国的第五任总统詹姆士·门罗是一家子。门罗总统因为"门罗主义"而使自己的姓氏为世人所熟知。这位玛丽莲小姐老老实实地跟着姓门罗不就完了吗？不行，这么美丽的尤物，姓一个"门可罗雀"的冷落姓氏，令翻译家于心不忍，于是，我们就发现了为这位美女重新设计的姓氏：梦露。这位翻译家后来可能是下课了，不然的话，我们就会看到西人的男女出现了两个不同的姓氏派系：美国的国务卿赖斯应该叫"莱兹"，德国总理默克尔应该叫"茉克珥"，而菲律宾的总统阿罗约，也只能叫阿萝玥了。女性嘛，都应该予以关照。

　　呜呼，"西伯利亚"之类译法的"受害者"，大概不止我一个人吧？

"雅鲁江江"之类

西藏的地名、山名、湖名、河名，除了少数是汉语或蒙古语命名的外，绝大多数自然是用藏语命名的。没想到翻译成汉语的时候，就出现了一点小问题：有时候藏语的"江"和汉语的"江"挤在一起，有时候挤倒是不挤了，但汉族人看着这地名，却不知所云者何。

前者，像大家习以为常的"雅鲁藏布江"。"藏布"是藏语的"江"，汉语和藏语属同一个语系，肯定有一些相似的地方。"藏布"读起来跟汉语的"江"也有点像。"雅鲁藏布"，本来已经齐了，就是"雅鲁江"。现在，后面又加上了汉语的"江"，放在一块儿，就是"雅鲁江江"了。

后者，则更为普遍。我手中有一张西藏地图，是汉语版的，当然主要是给讲汉语的人看的。但这里的河流，大都原样音译过来，如"雅鲁藏布""帕隆藏布""多雄藏布""阿毛藏布"等等。这个译法的好处是没有"江"的重复，缺点是看地图的汉族人看不到"江"或者"河"的字样，作为地图上一条河流的标注，这不能说不是一个遗憾。

地图上对西藏的湖泊也是同样处理的。这里的湖，都称为"错"，于是我们地图上见到了"纳木错""羊卓雍错""色林错""昂拉仁错"等等湖名，差不多是一"错"到底。这里没有搞成"纳木错湖""羊卓雍错湖"这样的重复译法，这是对的，但对讲汉语的人来说，翻译成"纳木湖""羊卓雍湖"就更好一些，因为对于不知道"错"就是藏语中的"湖"的汉族人来说，你的地图服务还是不到家。如果说我的地图就是专门为藏族同胞使用的，也说不通，因为对于不懂汉字的藏胞，"纳木错"三个方块字，同样毫无用途。

这个问题在翻译界应该是个不成问题的问题。哪种语言都有河流、湖泊，翻译成另外一种语言的时候，谁也不会把原来的"河"或者"湖"字保留下来，同目的语的"河"或者"湖"摆放在一起。我们把贝加尔湖就翻译成"贝加尔湖"，而没有把俄语的湖的译音也保留下来。波罗的海（BALTEC SEA），也就是"波罗的"加上"海"，也没有把原来的"海"弄出来一个"细"的音节，变成"波罗的细海"。顺便说说，"波罗的海"的翻译也并不高明，用汉语助词"的"裹缠在这里，很容易让人理解为这个海是一个叫"波罗"的什么人或者什么国家拥有的。"di"的同音汉字，去掉声调因素，大概至少有几十个，过于冷僻的不算，常用的可供选择的，至少也有十几个吧？你干吗偏偏用个"的"呢？类似容易引起歧义的翻译例子，也是不胜枚举。"葡萄牙"，跟"葡萄"和"牙"有什么关系？况且，学了外语还发现，"葡萄牙"的发音跟这个国名的实际读音简直是不沾边呀。后来才知道，这是一个在厦门传教的美国传教士的闽南话的译法。用闽南话读起来，"葡、萄、牙"三个字，和西欧的那个国家的国名还是很接近的。这位叫雅裨理的美国人，可能是很随机地找了这三个中国字，至于这三个字之间的关系，以及北方人如何读法，都不是他想操心的事情了。

我作为一个地图的读者，认为不少地名的译法值得商榷。当然了，就算是不妥，改也难，那么多的地图，那么多的文献，改起来谈何容易？既然大家都说习惯了，说下去就是了。

话这样说，是一种无奈，在这里讨论这个问题，还是想给翻译家提个醒：以后涉及人名、地名之类的翻译，还是慎之又慎找个稳妥的处理办法为好，不要率尔操觚，给后人留下麻烦。

一个德国人眼中的 Chinglish

2007 年 11 月 7 日的《北京青年报》上，登载了一篇有趣的小文章，题目叫作《请"照顾深水"》。作者是一个在中国留过学，又在中国工作了数年的德国人，中文名字叫纪韶融。

一个德国人英语好，不稀奇，难得的是这位纪先生的细心、耐心和热心。他在中国从北到南跑来跑去，不光是欣赏神州大地的美丽景色，也不光是了解中国人的风土人情，还顺手记录和纠正我们许多地方在公共场合的英语标示牌上的错误。从报上看出来，他不但当场做了记录，还拍下了照片，搞了一个网站，坚持不懈地把他搜集来的成果挂上去。他不但四处搜集这些错误，还十分关心这些错误的改正情况。他在网上公布过首都机场的一个英文标示牌，离开中国以后，他还请朋友到首都机场看看，这个牌子的错误改过来没有。得知改了，便十分快乐。

为了搞清楚这位纪韶融是何许人，我在网上检索了一下。一看，不得了，在纪韶融的名下，有 3130 项待查。他的博客颇有一些点击量，介绍他的文字也不少。

2000 年 2 月，纪韶融初到中国内地。看到上海出租汽车上的"别忘带走随身物品"温馨提示被译成"Don't forget to carry your thing"，便忍俊不禁。纪韶融幽默地挤对中国人，说这句英文让人感到中国"对男人的厚爱"，原来，"Don't forget to carry your thing"中的"thing"，并非一般的"东西"，而是很暧昧的"那话"了。在深圳的一个公园里，纪韶融发现中国人把"水深危险，请勿下水游玩"译成"Taking care to deep water，not to take water please"，抛开不通之处，剩下的就是要求人们"关照"一下深水了。

据说，纪韶融主要是谈 Chinglish 的博客受到了一些中国网友的指责，说他损坏中国形象。对此，纪韶融觉得有点冤枉。他认为中式英语体现了中国特色，并解释说："有些翻译不能说是错的，只不过那些是从中文到英文一个字、一个字对照着翻译过来的，英语里不这样说。""我并不是嘲笑中国人"，纪韶融认为，那些不规范英文更能表现出中文的特点，"我在博客首页就声明：不规范英文是英文字典和中文文法结合的奇妙产物。这是热情的体现，而不是嘲笑！"

纪韶融的工作，最直接的意义是帮助净化全国各地那些极不规范的英文标示牌，更长远的意义，就像他自己说的，对研究中式英语、保留中式英文的痕迹，提供十分鲜活的材料。作为一种重要的语言现象，中式英语当然不单单是笑料，在语言学的研究上，恐怕还是个有待开发的矿藏。对此，我们可能看得还没有人家纪韶融远。

"我拍下第一张照片的时候，就知道这些牌子不可能永久站在那边，"纪韶融说，"这些就像是记录历史，记录一个时代。"可以设想，过些时候，人们再登录纪韶融的博客，会更像进入一个博物馆。纪韶融不但自己做，还希望人们也像他那样，将自己身边的不规范英文拍摄下来，传到他的网站上。"扔掉所有有中文特点的英文有些可惜。"纪韶融说，"哪一个国家能说准确的英文呢？美国人和英国人交流时，也经常有互相不明白的时候。那种国际经济英文，就是由很多国家的元素组成，不用最地道的英文，而是他们都能听得懂的英文。"

现在的互联网上，对于 Chinglish（中式英语）的使用，远比街头频繁得多。有人选出十大最常用的 Chinglish，其中包括：we two，who and who（咱俩谁跟谁）、give you some color to see see（给你点颜色看看）、heart flower angry open（心花怒放）等。一位叫张红燕的博士在言谈中对中式英文也不无欣赏之意："那些在互联网广泛传播的 Chinglish，都是能让人瞬间牢记、过目不忘的，它们都极具创意，创意始终是互联网的最爱。"她甚至说："如果有 1 亿人（目前中国的网民数）都知道用 we two，who and who 表示亲热，用 heart flower angry open 表示高兴，用 give you some color to see see 表示愤怒，这绝不是件小事。"

网上说，一家国际权威机构公布的 2005 年全世界涉及时事与政治的十大流行词排行榜中，Chinglish 位列第四名，仅次于 Refugee（难民）、Tsunami（海啸）、Pope（罗马教皇），而高于 H5N1（高致病性禽流感病毒）、Katrina（"卡特里娜"飓风）、SMS（短信服务）等。

大约在 100 年前，当时英国和美国的商船，经常在中国南方码头停泊。英美的水手和当地的码头工人有了交流的机会，他们相互开玩笑时使用了 Long time no see（好久不见），这恐怕可以认为是一开 Chinglish 的滥觞了。可能这些码头工人做梦也想不到，若干年之后，Long time no see 在英语国家居然也广泛流行开来。

张红燕博士介绍说："在 2005 年新收录的英文词汇约有两万余条，其中由 Chinglish 变成 English 的多达 4000 条，比如'饮茶'说成'drink tea'，'营业中'说成'to run business'，当然世界上最知名的 Chinglish 还是'kung fu（功夫）'。"20000 条中有 4000 条，1/5 呀，这真不是开玩笑啦！

对这种现象，全球语言监听会主席帕亚克的话可以认为是一种比较接近实际的解释。他说，由于中国经济增长的影响，中国现在对国际英语的冲击比英语国家还大。许多专家相信，互联网和手机的普及无疑更加剧了这种冲击的力度。

我以为，帕亚克先生的话是有一定道理的。我还愿意从另一个角度做一点解释。从古至今，各民族间的文化也罢，语言也罢，其交流或融合，从来都不是单向的，哪个方面都会留下对方的印记。拿文化来说，非洲裔美国人当然接受了美国文化，但同时，美国文化吸收了多少黑人的文化，谁都能看得清清楚楚，以至于我们现在都不好想象，没有黑人文化的美国通俗文化会是一个什么样子。至于语言，在中国有一个十分典型的个案，那就是满语和汉语的融合。宏观上看，两种语言的碰撞，以满语被汉语彻底融化为结局；微观上看，满语的一些血肉早已被汉语吸收，满语的一些词汇和表达方式，充实、丰富了汉语，以至于现在一些年轻人根本不知道这些东西来自满语。英语在全世界的遭遇，也有共同之处：它在铺天盖地地冲击着各个民族的文化和语言的同时，各个民族的文化和语言中的一些成分也不可避免地冲进了英语。也可以这样看，海不辞水故能成其大。英语细大不捐、兼容并蓄的开放态势，使自己保持了生机勃勃的劲头，赢得了雄踞国际交流工具首席的实力。

说到一些中式英语"荣幸地"打入了英语词汇，我以为国人没有太多值得高兴的理由，而必须以一种平常心视之。这是一种"无意插柳柳成荫"的两种语言的融汇结果，并非我们主观上努力所能奏效的。绝大多数的中式英语，仍然是交流中的障碍，需要下力气纠正。我们的注意点还应该是呼吁全社会学好标准的英语，使用规范的英语。"Long time no see"可以在英语国家流行，"give you some color to see see（给你点颜色看看）"和"people mountain people sea（人山人海）"之类的说法，有点意思，也许会引起人家的注意和模仿的兴趣，而"we two, who and who（我们俩，谁跟谁）"和"heart flower angry open（心花怒放）"，还有"Good good study，day day up（好好学习，天天向上）"我看没有什么流行的可能，原因很简单，这里除了生硬的直译之外，没有共通的思维、逻辑和心理方面的基础。"土著英语"不仅在中国有，在非洲，在亚洲其他一些国家，也都存在，这不能认为是某个特定民族的文化同英语"作战"的战利品，只能说是掌握外语过程中的"中介"或者"过渡"状态，更多的是一种无奈。能够打入英语的东西，毕竟有限。如果我们太在意这点挤进英语的"成绩"，势必妨碍自己英语水平的提高。

直译并非一点都不可取，有时候也能够凑合过去。但想当然地机械直译，或者极不负责任地使用快速翻译软件，就近乎故意制造麻烦了。像"The sea fucks goods（海干货区）"和"salty to fuck the peanut（咸酥花生）"这样的充满性意味的英文，如果不是人家认真地指出，它们都真的出现在中国超市里，打死我也不会相信的，这分明就是恶作剧。英语水平可以很烂，可为什么一见到"干"，就立马跟"性"联系到一起？这种违反常识的翻译，翻译者自己那里能过得去么？没有任何一个人审核一下子么？"干湿"的"干"，跟"fuck"有什么关系？用盐处理花生，跟"fuck"又有什么关系？四喜丸子能直白地译为"4 Glad Meatballs（四个快乐的肉球）"么？川菜单上的"夫妻肺片"被翻译成"man and wife lung slice"，这怎能不把外国人吓个半死？人的肺脏也能吃么？这些大胆的翻译，自然会惊得人们"目眩然而不瞬，舌挢然而不下"了。这样一些粗糙的错误，让纪韶融等外国朋友嘲笑一下子，让国人们也笑话一下子，有什么不好？

2006 年，北京市政府组建了规范公共场所英语标识工作小组，专门负责整治更换公共场所英语标识设施。所有的更换工作计划到 2007 年底在全北京市完成。前些时候得知，有关方面下了功夫，出台了餐饮业英语的翻译标准，另外，中草药的名称的英文标准化也很有成绩，这都是令人振奋的大好消息。如果政府、媒体和百姓都积极参与这件事情，中国人英语水平的大提高，有望矣！

宅男、宅女、御宅族

2009 年二三月的北京，全国"两会"正在召开。新任政协十一届二次会议新闻发言人赵启正，邀请港澳台记者走进全国政协举行茶叙。有香港记者表示，这既是赵启正担任政协发言人后的首次"热身"，亦标志着全国政协的日趋开放和灵活。年届 69 岁的赵启正放低身段，与港澳台记者们拉近了距离，记者们更没有思想顾虑，七嘴八舌，畅所欲言。

一位台湾记者可能是想测试一下这位原国家新闻办的掌门人对网络语言和年轻人时尚的熟悉程度，开口便问赵启正："您知道'宅男''宅女'是什么意思吗？"这一下子还真的把赵启正给问住了。赵启正是见过大场面的人，他马上表示不懂，而且当场虚心请教。于是好为人师的记者们便开始当起了老师，教导道：这是当今网络词汇呀，专指那些"大门不出、二门不迈"整天待在家里的男女。赵启正一脸的虔诚，他认真地表示，看来自己还需要不断学习，而只有将自己的"不懂"说出来、告诉大家，才能学到更多。

这是当年全国政协会议上的小花絮。我却印象深刻，久久不忘。我反复思索的一个问题是，赵启正不懂得"宅男""宅女"，算不算一个问题，算不算露怯、丢份？是不是像当年清华大学的校长读不出送给连战的书法作品那样出了洋相，丢了面子？

回答显然是否定的。清华大学校长的那次表现，确实是大失水准。说“大失水准”恐怕也不准确，这会给人这样的印象，他是有“水准”的，只不过当场发挥失常而已。而看不懂书法家写的几个字，明摆着，是水平不够，中国文化的火候不足。全国最高学府的领导者，不懂中国文化，有点说不过去。再把话说到底：这位校长也不够敬业。因为就算是一点不懂，也应该事先排练一下子吧？你找人抄一张纸条，头一天晚上看一看，背一背，也能把戏给圆满地唱下来。当然，我们也不能据此就说，他水平不高影响了中国大学形象，给台湾一些人不承认有的大陆大学的学历提供了口实。他代表不了清华，也代表不了中国任何一所大学。台湾也不是不知道，大陆的大学管理者，不一定是知识分子。

话扯得有点远了。还是说赵启正，他懂得“宅男”“宅女”，当然很好，不懂得，也很正常。以后用不用懂得，还得看这几个词有没有本事稳稳当当地进入现代汉语的普通词汇。

那么，这两个至今没有“过明路”的语词，到底是什么意思，又是怎么来的呢？

要说“宅男”，就得先说“御宅族”。“御宅族”这个词，出自20世纪80年代的日本，专指那些热衷于动画、漫画和电子游戏，以至于足不出户的人。据说在日本，要评价某人迷恋某件事物的症状，有4个等级：粉丝（fans），狂热粉丝（mania），收藏癖（collector），症状最严重的就是御宅族（OTAKU）。这里，“热衷于……以至于……”这个句式很关键，就是说，整天圈在家里是个现象，痴迷个什么东西，才是本质。他们被认为具如此特征：个性封闭和不修边幅，以至于长期游离于主流圈外。“宅男”和“宅女”，也不过是“御宅男”“御宅女”的略称，“宅男”也罢，“宅女”也罢，也不过都是"御宅族"的一分子而已。

"御宅（おたく（Otaku），书写上通常用片假名オタク）"是个地地道道的日本词，意思是"你的家"，色彩是对对方比较尊敬的那种。到了80年代，当时动漫画迷之间以御宅来互相称呼，有点像中文的"贵府""府上"的样子。例如说"请展示御宅（府上）的收藏"。"御宅"是个客气的说法，一客气，就拉开了距离，这就暗示大家不要太接近。他们完全封闭在自己的世界中，且不觉得自己的行为是没有意义，每天过着很满足的生活。"御宅族"原来是对热衷动画、漫画及游戏等人群的统称，慢慢地，也被用在其他领域的狂热者身上了，当然，一个人圈在家里的特征，恐怕还得保持下来，否则就"宅"不起来了。

"御宅族"一开始给人的印象并不好。日本人一听"御宅族"，就会和当时被称为"御宅族"的宫崎勤联系在一起。在1989年，一个叫宫崎勤的26岁青年，禁锢、谋杀了4名少女，后来警方搜查他的家，发现家里藏有4部录影机，接近6000盒影带及无数幼女动漫画。这个案子令"御宅"这个词负载了很不名誉的负面意思，人们对这类人难免有点警惕，不大接受。"御宅"现象也一度被认为是一种社会问题。当然，而今的"御宅族"早已摆脱了"宫崎事件"的阴影，成为日本乃至我国台湾网上的常用语。

真的是风水轮流转，今天到我家。在我们这里还在讨论"宅男""宅女"算不算汉语词汇的时候，台湾报刊上已经在宣布，"宅经济"异军突起。从《参考消息》上得知，台湾一家名为《独家报导》的双周刊，登出了一篇题为《宅男宅女杀很大　创造宅经济商机多》的文章。

文章说，在经济不景气的现今社会，"宅"不只是一种生活形态，还带来了新的商机。这是为什么呢？原来，宅男宅女们不出门，一切活动（包括消费，也包括经营）都在家里进行，于是，网络游戏、在线娱乐、在线购物、网络通信、快递宅配、电脑配件和管道业者这七大"宅"产业，行情持续看涨，"宅经济"便成了气候。"宅经济"方兴未艾的一个重要原因，是"宅男、宅女"队伍的空前壮大。金融危机导致普通百姓越来越精打细算，节假日也宁愿选择足不出户，为了节省购物成本，在家上网购物成为一种消费趋势。现实中心理压力大，于是在家里玩网络游戏的也多了起来。语言也罢，词汇也罢，都是活人为了需要而发明出来的，既然"宅男""宅女"和"宅经济"成为一种重要的社会现象和生存状态，那么，它们作为描述这些社会现象的语词，也就会越来越活跃，你看着顺眼也罢，不顺眼也罢，它们都会逐渐进入普通词汇。我以为，"御宅族"这个日本词的原型就不要引进了，"宅男""宅女"和"宅经济"恐怕是不用不行了。

面对新词汇喧嚣的大千世界，我们的精神头确实不大够用。这不，我们刚刚把"宅男""宅女"和"宅经济"理出点头绪来，台湾媒体上又搞出一个"杀很大"。一段广告视频上，只见一个美少女念念有词"杀很大"。好像谁也不知道什么意思，但谁也不放弃作解说的责任，有的说，是"杀气很大"，有的说，是"杀伤力很强"，还有的说，是"斩获颇多"。谁也不懂，众说纷纭，这也会成为广告的一个卖点。目前看，"杀很大"已经"杀"进了台湾报刊的标题上，能不能一路"杀"下去，"杀"得大家都离不开它，我看没什么戏，它的杀伤力比"宅"兄弟还差得远。我总觉得，网络上年轻人瞎折腾可以放开一些，随意一些，到了纸媒体报刊上，还是应该谨慎一点，稳健一点。急不可耐地把"杀很大"这样的东西端到纸媒体上，不大合适。

后 记

感谢古耜先生的厚谊，他的盛情邀约入盟让我又有机会在汉字的海边倘徉多日，这享受甚是美好。用一个套话，叫"累并快乐着"。

我虽说是学语言的，但拜"文革"之赐，五年的学制只读了不到两年，文词儿应该叫"肄业"吧。高我几个年级的，也好不了多少，下到各省搞"四清"去了。前年偶读一位更年长的学长的自传，发现他们在校的时间也大多被运动挤占，没正经上多少课。令人感念的是，他们历史系的一位领导，说这些学生太可怜了，没学到啥，延迟毕业吧。于是，又给他们突击补课半年多。好人哪。扯远了，我啰唆半天，无非想说，好好的大学，该学的没学着，文字啊，音韵啊，训诂啊，多好的学问啊，啥也没入门儿，只能在门外张望一下。

多年前，有个摄制组，找我写电视用的文字节目。我就沉下心来，恶补了一段时间的汉字知识。后来虽然节目没弄成，但收获很大。

再后来，我出了一本题为《趣说字里行间》的小书，是上海辞书出版社出版的。这里面，有当编辑的一点心得，也有对语言、文字中的一些问题的思考。我很痴迷语言文字方面的一些问题，在阅读中一发现有意思的题目，就会兴奋起来，忍不住写上一篇。此次古耜先生命我再弄一本小书，我翻检了一下原来的存货，又想了想脑袋里的积累，便愉快地答应下来。

本书中的一些材料，是从一些高人的著作中借来的，见解和观点也会受到这些高人的启发。我尽可能在文中用不同方式做出说明，不能掠美，含糊了人家的知识产权。作为一本通俗的小册子，我觉得在页面上搞一些脚注，显得太夸张，弄得太严肃，让人望而生畏，所以从简了。这是要请有关作者原谅的。

有些知识，似乎人所共知，在一些专家看来，就有点像"炒冷饭"。其实，由于种种原因，文化断层是真的存在，传统文化的普及程度并不高。有些基础知识，哪怕是重复，也得讲讲。其次，即便是炒饭，每个人的烹调技巧有别，不同的作料，不同的火候，就有不同的味道。

再一次感谢古耜先生，还有中国言实出版社的领导和编辑同志们。出版这种丛书，功德无量，说不定就会吸引许多青少年投身于传统文化的研究之中。都在说"文化自信"，大凡自信，必得是真有好东西，又彻底掌握了，而且受益了，底气才足。如果不知道中国优秀传统文化究竟是何物，好在哪里，得益何处，又如何自信得起来？

书中的一些文章，特请我的大学同班学长李恩江、张卫东、石定果三位教授审阅，在此深致谢意。三位教授冒着酷暑给我看稿，还看得相当认真，修改意见也十分中肯，让我感动，恐怕起码得请一顿酒吧。

卫东兄的来信，鼓励有加，更是让我有闻鸡起舞的激动。他说："很精彩！很吊胃口！做第一读者，很愉快！这些话，也很值得说一说，侃一侃。其实，可侃的话题，还很多，有合适的发表平台，那就继续写下去，侃下去！例如，欲做好典籍数字化，跟汉字相关的文字研究、汉字整理、字库建设（二代身份证引发的'字数不够用'直接反映出字库建设跟执政效能的关系）、字体设计、输入法的升级、繁简转换、方言字的采集与整理（'抱'和'什'所引发的……）、汉字信息处理技术……"他不假思索一口气给我出了一大堆题目。专家的鼓励，对我这个半瓶子醋而言弥足珍贵。

　　我上面埋了伏笔，交了自己的底，意思很明白，就是希望大家仔细翻翻，帮我找找毛病。用文词儿说，就是请读友诸君不吝赐教，启我愚顽。

　　　　　　　　　　　瓜田 2018 年夏写于北京天通中苑